人工知能は私たちの生活をどう変えるのか

水野 操

青春新書
INTELLIGENCE

はじめに

昨今、人工知能に関するニュースを聞かない日はない。

筆者が２０１５年４月に『あと20年でなくなる50の仕事』（青春出版社）を著したころからそうだったが、このところ、さらに人工知能の話題にふれる機会が増えてきた。

すでに人工知能はスマートフォンの音声認識や、個人が購入可能なコミュニケーションロボットなどに活用されている。特にここ数年の人工知能の進化は目を見張るものがあり、今後あらゆる分野での活用が期待されているテクノロジーなのだ。

もはや、人工知能が人間の生活に密接に関わり、多くの役割を担う「可能性」を論じる段階は過ぎ、「いつ」「どのような形で」ということを論じる段階になったといえる。

人工知能に関する記事や書籍は現在のところ、筆者の前著も含めて、技術的な興味にもとづくものや、人間の職業への関わり方をテーマにしたものが多い。人間と人工知能との深い関わりが不可避となってきたいま、生活全般にわたって人工知能のことを考えていくべきではないかと考え、ここに本書を著すことにした。

人工知能の歴史は案外古く、学問分野として確立したのは、1956年にアメリカのダートマス大学で開催された会議がきっかけといわれている。現代の人工知能の隆盛に至るまでに、1956年～1976年の黄金期（第一次ブーム）、その後の冬の時代、80年代に第二次ブーム到来という歴史を経て、アップダウンを繰り返してきた。

過去のブームにおいては、アメリカやイギリス、そして日本でも、巨額の資金が投じられた割に、目立った成果を出せずにしぼんでしまった。40代後半以上の人であれば、日本でも当時の通産省（現経済産業省）が「第5世代コンピュータ」という言葉で音頭をとったことを覚えているかもしれない。人工知能の開発には、かなり苦難に満ちた歴史があったのだ。

筆者は子供のころから科学雑誌などで人工知能の知識にふれていたが、正直なところ、何か素晴らしいことが起こりそうだとは思ったものの、人工知能を身近に感じるには至らなかった。

ところが2010年を過ぎたあたりから、人工知能をはじめとして、3Dプリンタ、ロボット、IoT（Internet of Things・さまざまなモノがインターネットにつながって情報交換し、相互に制御や計測を行う仕組み）、ドローンなどの画期的なテクノロジーと、それらを応用した技術が、急速に私たちの生活に入り込むようになってきた。

人工知能も含めてこれらの技術に共通するのは、ここ数年の間に発明されたものではなく、比較的新しいものでも、少なくともこの20年程度は存在していて、産業界の一部では使用されていたものばかりということだ。

過去のブームにおいては話題ほど成果が伴わず、フェードアウトしてしまったのに、なぜ近年になって急速に進化を遂げたのか。その理由として、テクノロジーのインフラとしてのインターネット、そしてハードウエアとしてのコンピュータ自体の進歩がある。

人工知能の進歩に関していえば、ひとつにはハードウエア自体の進化が大きな役割を果たしている。ハードウエアの機能が高まるとともに安価になったことで、高機能のハードウエアにアクセスすることができる人が増えた。それによって、能力のある人たちがそれらのハードウエアで、より優れたソフトウエアを開発することができるようになったのだ。

ハードウエアの進化に加えて、インターネットのような世界レベルで展開可能なネットワーク技術が発達したことも大きい。

ハードウエアが高機能化したといっても、現時点では、それ単体では人間の脳の機能に劣ることを否定できない。しかし、一つひとつのハードウエアは小さくて、能力がそれほど高くなくても、多数のハードウエアをつなげてひとつのシステムにすることで、非常に大きな能力を発揮することができる。

さらに、それらがインターネットを介して外部とつながることで、誰もがそれらの大きなポテンシャルをもつテクノロジーにアクセスし、活用できるようになった。

そこにＩｏＴが関わることで、人手を煩わすことなく大量の情報を、インターネットを介して大きな処理能力をもつコンピュータで処理し、その計算結果をまた現場に戻すということも容易になったのである。

つまり、人工知能が本当に力を発揮するために必要なさまざまなテクノロジーや周辺の環境が発達し、情報量が増加したことで、人工知能自体がようやく意味をなすようになったと筆者は理解している。

インターネットも、最初期はウェブサイトのトップページに１００キロバイト程度の写真のような大きなデータを貼るのは非常識だとされていた（筆者は実際にそうしたクレームを受けたことがある）。ロボットも最初は非常に単純なつくりで、そこに関わるソフトウエアも能力が低く、メモリ単価は高く、今のように潤沢にデータを保存しておくことはできなかった。

人工知能はいわば人間の「脳」に、ＩｏＴは人間の「五感と神経」に、メカとしてのロボットは人間の「肉体」に相当すると考えれば、どれかひとつが独立して存在するものでないことがわかるだろう。どんなに優れた人工知能、すなわち脳があっても、手足として動くボディーや目・耳・鼻・皮膚などのセンサー、神経のようなコミュニケーションの手段といったインプットや伝達系がなければ、脳は力を発揮することができない。

過去の人工知能ブームがフェードアウトしたのは、まだ機が熟していなかったからだといえる。当時は格安のセンサーもＩｏＴもなかった。

センサー、ロボット、ＩｏＴ、データの処理能力・保存能力、ドローン、そして人工知能などさまざまなテクノロジーすべてが十分なレベルに発達し、さらにそれらがつながるようになったことで初めて人工知能が生きるようになったわけだ。

インターネットの発展にともない、テクノロジーの進化におけるプラスのサイクルが大きく回り始めた。ビジネスの用途で活用する側にも、一般ユーザーにも、ＡＩを活用したアイテムは無意識のうちにも「日常的に役に立つ道具」と認識され、さらに有用なものにしようとする動きが活発になってきている。

これからわれわれはこのＡＩを生活の現場でどのように活用し、生活を豊かなものにすることができるのか。また、それにあたってＡＩにはどのようなリスクがあり、必要なコストはどの程度と想定されているのか。そして、これから日本が迎える超高齢化社会において、ＡＩがいかにしてその状況を救う有効な手立てとなりうるのか。

筆者からの一つの提案として、想定される未来についてそれぞれ考察していく。

ＡＩなどの進化は早く、筆者の考察も実は保守的にすぎると思われる人もいるかもしれないし、逆に飛躍しすぎだと考える人もいるかもしれない。ただ、いずれの場合でも、そこから少しでも、将来を見通すためのヒントをつかんでいただければ幸いである。

２０１６年９月吉日　筆者

人工知能は私たちの生活をどう変えるのか——もくじ

第1章 私たちは15年後の暮らしを想像できない

第2章

人工知能の普及がもたらすリスクとコスト

第3章

人工知能がアシストする近未来の日常

第4章

超高齢化日本を人工知能が救う

第5章

医療・介護問題も人工知能が解決してくれる

終　　章

移民と人工知能、日本人はどちらを選ぶのか

制作協力　嶋田安芸子
本文DPT　センターメディア

第1章

私たちは15年後の暮らしを想像できない

すでにさまざまな分野で活用されているAI

「近いうちに、自動運転車が街を走るようになる」と思う人は、数年前まではあまり多くなかっただろう。しかし最近のニュースを見る限り、そんな世界が現実となるのはそう遠いことではなさそうだ。むしろ実用化に向けて、インフラや法の変更もすでに計画されているという。はるか先のことだと思われていたはずの未来が迫りつつあるのだ。

その背景には、まぎれもなくＡＩ（人工知能）のテクノロジーの急速な発展がある。自動運転車のほか、ビジネス、医療、情報、ゲームなど、ＡＩは近年さまざまな分野に浸透しはじめた。「これはＡＩだ」と意識されることはなくても、間接的なケースも含めれば、人々がＡＩと関わる機会が増えてきているのだ。

特に顕著なのが、情報分析やコミュニケーションの分野である。

たとえば、２０１４年にみずほ銀行がコールセンター業務にＩＢＭのＡＩ「Watson（ワトソン）」を導入するというニュースが話題になった。顧客対応において、よりタイムリーで的確な回答を導き出すことを目的としたものだ。２０１５年2月に稼働をはじめ、現在、コールセンター内での導入が拡大されているという。

もっと身近なところでいえば、ＡＩのスマホアプリへの活用も注目を集めている。たとえば、個人に最適な洋服やコーディネートを勧め、専属スタイリストのような役割を果たすアプリがそのひとつだ。以前より、アマゾンをはじめとするショッピングサイトが購買履歴に応じたおすすめ情報をユーザーに提供しているが、そうした段階から、ＡＩの力を借りて、さらに一歩進んだサービスを展開しようとする動きが活発になっている。

いかにもＡＩのイメージを象徴するものとしては、コミュニケーションロボットの活躍をご存じの方も多いに違いない。

なかでもソフトバンクが提供する「ペッパー（Pepper）」はあちこちで使われるようになったが、筆者は先日訪れたある取引先の受付でペッパーを見かけた。これはスタンドアローン型のロボット（それ単体で作動する独立ロボット）ではなく、クラウドベースで搭載したＡＩやさまざまなアプリケーションを通じて、業務に応じた多様な活動をこなすというスタイルだ。

ネスレ日本ではペッパーを２０１４年12月から販売店での接客に活用しはじめ、報道によれば、導入済みの店舗で売上げを15％も伸ばしている。ペッパーは慣れた店員さながらに〝ツカミ〟のトークや世間話から入り、気の利いたセールストークを行うこともできるそうだ。黙々と働いてくれるうえ、働き続けることで能力も向上するというのだから実に頼もしい。追加で導入したペッパーにも導入済みのペッパーの学習内容をいかすことができるため、将来的にペッパーを増やして業務スキルの平準化を図ることも可能だ。

ロボットによる接客については、2015年7月に開業したハウステンボスの「変なホテル」も多数のメディアで取り上げられた。この奇妙な名前のホテルは、人件費の削減を目的のひとつにフロントやポーターなどの業務にロボットを導入しているが、評判は上々のようだ。フロントの2体のロボットのうち、ひとつは女性、もうひとつは恐竜の姿をしており、テーマパークらしいエンターテインメント性も感じられる。

筆者の日常にもタピア（Tapia）というコミュニケーションロボットが入ってきた。まだごく簡単なやり取りしかできず、家族と普通に会話をするという段階ではない。しかし、限定的とはいえ天気の情報を聞いたりニュースを読んでくれたりするなど、一応は双方向のやり取りができる。

ロボットがAIと人間とのインターフェイスとなり、機械的な正確さと人間らしいファジーな柔らかさをあわせもって対応してくれる——そんな場面が、これから増えていくに違いない。

ＡＩがニュース記事を大量生産

意外なところでは、文章の作成もＡＩが進出しつつある領域だ。世界的な通信社として知られるアメリカのＡＰ通信は、２０１４年7月から、オートメイテッドインサイト社が開発した「ワードスミス（Wordsmith）」というＡＩを導入して記事を作成し、ＡＩジャーナリズム（ロボットジャーナリズム）の実験を始めた。

ワードスミスが作成した記事を読んでみると、人間が作成した記事と見分けがつかないレベルに仕上がっていることに驚く。しかも記事作成の所要時間は平均わずか1〜2秒。人間では絶対に及ばないスピードだ。

結果的に、それまでＡＰ通信の四半期あたりの記事作成数は３００程度だったのが、ワードスミス導入後は４３００と約14倍にまで増えたそうだ。従来、人間の記者だけではカバーしきれなかった情報を、記事として多数提供できるようになったのである。

また、筆者が実際に試した「Articoolo」というサービスでは、ごく少数のキーワードを入力するだけで、あっという間にそれに関する記事（英語）をつくり出してくれる。その出来映えにはとても驚いた。

こうしたエージェント的なサービスは増えつつあり、たとえばヴァンガードやチャールズ・シュワブといった証券大手は、ロボットアドバイザーによる情報サービスを安価な手数料で提供している。

世の中に存在する多様な情報を編集・加工して顧客に提供するというサービスに関して、ＡＩは非常に大きなポテンシャルをもっている。

記事になっていない情報は世界中にたくさんある。情報そのものが集まってこないこともあれば、情報はあっても記事にするのに人手が足りない場合もあるだろう。しかし、ワードスミスのようなソフトが世界に存在する情報をかき集めて、人々に有用な情報に編集・加工してくれるとしたらどうだろうか。自分が欲しい情報を、今よりも容易に、数多く集められるようになる。

面白いことに、文学の分野でもＡＩを使った試みがなされている。公立はこだて未来大学の松原仁教授らが開発を進めている小説創作ソフト「きまぐれ人工知能プロジェクト作家ですのよ」による作品が、２０１６年４月、ショートショートの新人賞である「星新一賞」の一次審査を通過した。

ただし、このケースでは人間の手が８割入っているため、厳密にはＡＩが書いたとは言いがたい。小説の場合、ニュースの記事のように文字量が少なく、テンプレートにあてはめやすい文章、つまりどのような情報が入っていれば〝よくできた文章〟なのかを判断する基準がないため、ＡＩがいい作品をつくるのは困難なのかもしれない。

しかし、ＡＩは情報を蓄積することで常に学習を続ける。ハードウエアやソフトウエア、そこに用いられるアルゴリズム（問題処理の手順）も非常に速いスピードで進化していく。少なくとも情報通信の分野においては、仮に現在のＡＩによるサービス内容が満足のいくレベルに達していなかったとしても、今後サービスのレベルは向上するしかない。文学作品に関してもレベルアップが期待できるはずだ。

学習機能で自律的に進化を続ける

ＡＩに関するトピックのうち、このところ話題を集めているのが囲碁や将棋といったゲームの分野である。なかでも、グーグルの研究部門である「Google DeepMind」が開発した囲碁ＡＩ「アルファ碁（AlphaGo）」が人間の棋士に勝利したというニュースは、世界中に衝撃を与えた。過去10年で最強との呼び声高いプロ棋士を相手に、5局中4局で勝つという圧倒的な成績を残したのだ。

チェスや将棋の世界では、以前から人間対コンピュータの対局がなされており、コンピュータがプロ（人間）に勝利を収めることも珍しくなくなっていた。

しかし囲碁の世界においては、長い間研究が行われていたにもかかわらずアマチュアにも勝てない時代が長く続いており、コンピュータが人間に勝つのはまだ先のことだと考えられていた。囲碁はチェスや将棋と比べて評価関数がつくりにくいとか、データベースが膨大だといったことから、進化が遅れていると見られていたのだ。

よくいわれる盤面の展開の複雑さで比較すると、チェスが10の50乗、将棋が10の71乗であるのに対し、囲碁は10の１６０乗と見積もられている。

「モンテカルロ法」と呼ばれる確率実験の手法が導入されてから、コンピュータの碁は一気に強くなりはじめたのだが、アルファ碁の勝利の背景にあったのは、計算方法ではなく「学習」方法である。

従来のコンピュータによる囲碁や将棋は、計算能力にモノをいわせた力技に頼るところが大きかった。一方、アルファ碁は「ディープラーニング」といわれる技術がポイントとなった。コンピュータが人間と似たスタイルで「学習」するようになったのだ。

具体的には、可能性のある手をやみくもに計算するのではなく、有利になる可能性が高いいくつかの手に絞って検討することで有効な手をさぐり、それ以外の確率の低そうな手は検討しない。このような、人間のプロ棋士のような思考方法をコンピュータが自ら学習したことが、急速に強くなった要因とされている。

囲碁には膨大な数の対局記録があり、人間の棋士もデータ化された対局の記録を見て勉強している。AIはまさにそれと同じことが可能なうえ、データの数が多ければ多いほど判断の精度が上がっていく。したがって、囲碁のアプリケーションにAIはたいへん適しているわけだ。

アルファ碁が負けた対局では、プロ棋士のある手に対して急に暴走しだすということが起きた。だが、AI自体がまだ開発途上であることを考えれば、5局中4局勝利という結果は十分に実用のレベルに仕上がってきているといえるだろう。

人間と同じように多方面にわたって思考し、アウトプットすることはできなくても、限定した範囲で学習と進化をすることに関しては、AIは現実的なレベルにまで達しているのである。

医師による〝誤診〟が激減する

ＡＩがあらゆる方面に活用されるなか、この先の活躍がもっとも期待されているのは医療の分野だろう。

診療や治療の必要な高齢者が増え、医師や看護師、介護士など医療・介護関係の人材不足が懸念されている。そうした状況では、「予防医学」が重要になる。動けなくなってからの医療は家族や周囲の負担が増え、動けるとき以上にコストも人手もかかるからだ。

労働力の減少が危惧されるこれからの時代に高齢者本人が動けることは、家族をはじめとして周囲の人たちが介護に手をとられることなく、引き続き仕事を続けられることを意味する。介護離職が問題になってきている現状では、これも重要なポイントだ。

では、予防医学に役立つＡＩとは何だろう。まず注目に値するのは、「医療関連情報の解析サービス」だ。日常の健康状態の管理については、すでにウエアラブルコンピュータ（身につけて使えるタイプのコンピュータ）による情報管理が急速に普及しつつあるし、食事内容や飲酒量などのデータを記録するアプリもいくつか登場している。

血圧や体重、体脂肪などの数値は、スマホで管理することもできる。現在のところ、それぞれの情報は個別のアプリで管理されているが、それらを統合して管理できるようになれば、日常の健康状態をより包括的、効果的に管理することが可能になるだろう。

また、自分で血液を採って送付すれば、病院に行かなくても診断が受けられるというサービスも存在する。そのようなサービスや日常スマホなどに記録している情報を使い、リアルタイムで診断する仕組みがあれば、重大な病気を早期に発見して大事に至る前に対応できるようになるかもしれない。

すでに「IBM Watson for Oncology」というシステムがリリースされている。「Watson」はIBMが開発した質問応答システムで、これに膨大な医療情報を学習させたものだ。医師が患者の症状などの情報を入力すると、適切と判断された治療方法のオプションが提示されるだけでなく、その根拠も提示される。使用する薬やそのリスクも同時にわかる。

最終的には人間の医師が判断を下して治療方針を決めるにせよ、このような方法をとることで思い込みやレアなケースであることによる見逃しなどが減り、より適切に治療を進められるようになることが期待される。

誰でも質の高い医療が受けられる時代に

画像診断に関しても同様だ。数十年前と比べ、昨今ではＣＴやＭＲＩを通じて体の断層撮影をすることが珍しくなくなってきた。何らかの形で、医師に画像を見せられながら説明を受けたことのある人も多いのではないだろうか。ＣＴやＭＲＩが普及するということは、それを読みとって診断しなければならない画像の数も増えることになる。２００６年以降、年率で14％から26％もの割合で増加を続けているという。

医師はその画像を見て病巣を発見するわけだが、医師の腕や画像診断の専門性などによって診断にぶれが生じるという問題がある。「医師選びも寿命のうち」ではないが、これまではどうしても避けられないことだった。

だがＡＩが画像、つまり症例を事前にスクリーニングするとしたらどうだろうか。

ＡＩで画像診断を行うサービスを提供しているアメリカのBehold.AI社は、医師の代わりになることより診断の精度を上げることを主眼にしたシステムを採用している。同社は病院と協力し、実際の患者の画像をそのシステムのＡＩ学習に使用しているという。それによって、コンピュータの学習の質を高めようとしているのだ。

このようなシステムが存在すれば、患者はどこに住んでいるか、どの病院にかかっているかによらず、同じ品質の診断を受けられるようになる。同時に、医師にかかっている多大なプレッシャーが軽減される。医師にとっても、ＡＩは大きな助けになるのだ。

Behold.AI社の創業者によると、現在、彼らのシステムと同様のスピードで診断できる医師も存在するようだが、残念ながらそのような医師はどこにでもいるわけではない。これから高齢者が増え続ける日本にとって、どこにいても質の高い診断を受けられるシステムは、非常に価値あるものになるだろう。

高齢化の進む日本はもとより、海外の先進各国の高齢者人口も無視できるものではない。医療や介護に、よくも悪くもビジネスチャンスを見つけて参入する企業は、今後も増え続けていくだろう。そこで生じる競争の結果として、さらに優れたＡＩを用いた医療サービスが開発される可能性は高い。

簡単な情報収集は対話型デバイスで

機器やシステムを利用するときの情報伝達手段、あるいはその機械を「ユーザーインターフェイス」というが、これについての進化が身近に感じられるようになってきた。

たとえば、機器に情報を伝える方法としては、現在でもキー入力（スマホのフリック入力を含む）が最も使われている人間からシステムへの入力方法だが、音声入力も珍しくなくなってきた。

どれくらいの人が日常的に使用しているかは別として、iPhone（iOS5以降）やアンドロイドのスマホには音声認識機能が内蔵されており、ユーザーが声で呼びかけるだけで電話をかけたり、ほしい情報を表示したりしてくれる。iPhoneでは、「Hey, Siri」と呼びかけてから質問をすればそれに対して何か答えてくれるし、アンドロイドのスマートフォンなら「OK,Google」と呼びかければ同じようなことが可能だ。

オーストラリアで、自宅でノドをつまらせた娘の救急介護をするかたわら、Siriに向かって「Hey Siri、救急に電話して！」と呼びかけたら、リクエストどおりに救急に電話をしてくれたというエピソードがあった。もちろん近くに誰か人がいれば、その人に電話をお願いできただろう。しかし、そうではない状況のとき、スマホが人間と同じような役割を果たしてくれるというわけだ。

その進化系ともいえるデバイスに、常時インターネット接続型の人工知能スピーカー「アマゾン・エコー（Amazon Echo）」がある。これは（本書執筆時点では）、まだ日本のアマゾンでは公式に発売されていないが、並行輸入品として購入することができるので、実際に見たり使ったりしたことのある方がいるかもしれない。

黒い筒にマイクとスピーカーがついているだけの何の変哲もない見た目だが、語りかけるとちゃんと答えが返ってくる。通常であればスマホやパソコンで検索するような、たとえば天気予報や近くのレストラン、ニュースなどについて尋ねれば、すぐに回答してくれる。また、音楽の再生やKindle書籍の読み上げといったことも可能だ。アマゾン・エコーはこれからのＡＩ、特に家庭で使うＡＩと人間とのインターアクションを象徴するものとなるかもしれない。

オンライン上で予定を書き込む必要もなくなる

このあとの章で、ＡＩと人間とのやりとりを仮想的なストーリーで紹介していくが、そこで展開するようなことは、実はアマゾン・エコーでも実現できる。

そのストーリーはしばらく先の将来を想定したものであるため、登場人物たちがＡＩに依頼することや質問することは複雑だったり、あいまいだったりする。しかし、比較的単純な問いかけであれば、現時点のアマゾン・エコーも対応しているし、前述のタピアでも答えてくれる。

今後アマゾン・エコーは、たとえば出かける予定があるのなら、場所やそこにいる時間を考慮して、それぞれの場所の天気とともに、上着や傘などの必要性についてもあわせて案内してくれるようになるだろう。こうしたことは、カレンダーの情報と連携することで容易に実現できるはずだ。

その前提として、予定がオンライン上のカレンダーに入っている必要がある。いまはまだ紙の手帳を使っている人も少なくないが、多くの家庭にＡＩが入り込んでくるころにはだいぶ状況が変わっているだろう。

ちなみに筆者は紙の手帳を使わなくなって久しく、仕事の予定だけでなくプライベートの予定もすべて「グーグルカレンダー（Google Calendar）」で一括管理している。以前はオンラインと紙の手帳を併用していたこともあったが、iPhoneを使用するようになってオンラインに一本化した。

そのように予定をオンラインでのみ管理している人は増えてきているようだ。最近では、仕事のメールにグーグルカレンダーへのリンクが貼り付けられていることも珍しくない。かつてはスケジュールをデータ化する場合、自分で入力するなどひと手間かかっていたが、いまでは特に意識しなくてもデータ化される仕組みが整っていて、メール内の予定が自動的にリンク化される。さらにiPhoneのカレンダーにも連動しているので、iPhoneやApple WatchでSiriに聞けば予定を教えてくれる。

電話や口頭の打ち合わせで入れたスケジュールのデータ化は自分で行う必要があるが、それもアマゾン・エコーやSiriのような端末が横で聞いていてくれて、代わりに登録できるようになればさらに手間が減るだろう。

ＩＴスキルによる情報の差がなくなる

さて、スクリーン上のユーザーインターフェイスの代わりにアマゾン・エコーのような口頭による対話型の端末を使うことには、ＩＴへの抵抗感の大小や得意・不得意に関係なく、誰もが容易に使用することができるようになるというメリットがある。

とりわけ高齢者は、いつの時代も新しい技術の使いこなしに苦労することが多い。新しい技術を使いこなしているいまの若者も、自分がそれ相応の高齢者になれば、やはり新しい技術になじむのに苦労することは十分に考えられる。

それも、対話型の端末なら話は違ってくる。何か頼みごとを口に出すだけでいい。質問であれば答えてくれるし、何かやってほしいことがあればそれを代行してくれる。いわば、よくできた執事かコンシェルジュ、エージェントのようなものだ。

少し前までは、たとえば旅行の手配をしようと思えば、旅行代理店に出向いて担当者に飛行機やホテルなどの希望を伝え、その担当者が希望に沿って提案をし、それでよければ手配を進めるというオプションしかなかった。それがインターネットの普及で、代理店を通さず自分で手配できるようになった。

それはそれで便利なのだが、一方で、その人の検索スキルやITリテラシーの有無によって、希望をどの程度実現できるかに差が生じてしまう。

もしAIがこの作業を担ってくれるようになれば、情報の検索や予約などを再びプロフェッショナルに委ねるのと同じことになるのだ——しかも、昔の旅行代理店に依頼するよりも進化した状態で。結局、意図を察してくれる人に丸投げするのが楽なのだ。

かつては、旅のプロといえども集められる情報には限りがあり、かつ、その情報にはタイムラグもあった。また、人や地域によって得意・不得意もあっただろう。それが今では、あらゆる人の情報がリアルタイムで、「トリップ・アドバイザー」のようなサイトはもちろん、ツイッターやフェイスブック、インスタグラム、さらには個人のブログなどを通じて発信され続けている。

オープンにデータ化されている情報であれば、AIがそうしたデータをあまねく活用して、現地での詳細なプランの提案までしてくれる可能性もある。家庭や個人で使うAIはその人の好みも含めた個人的な情報を熟知しているため、ありきたりのプランではなく、その人に最もふさわしい、満足感の高いプランを提供してくれるに違いない。

アマゾン・エコーには小型バージョンの「Echo Dot」とポータブルタイプの「Amazon Tap」もある。また、これらに類似のものとして、グーグルによる「Google Home」という製品があり、2016年中の発売を予定しているという。

2014年以降次々と発表されているロボットにも、こうしたコミュニケーションロボットが増えてきている。それも、単独で使用するロボットではなく、ネットワークにつながるタイプのものだ。さらには情報がオープンになり、そのロボットを活用したアプリの開発が外部の組織や個人にうながされるようになった。これはアマゾン・エコーも同様だ。

そのような仕組みがあるからこそ、急速にこれらの製品の能力が高まっているのだろう。

今のところこれらのロボットでできるのは、端的にいってしまえば、天気やスケジュールなどの情報を引き出す程度のことだ。わざわざパソコンを開いたり、スマホやタブレットを自分で操作したりしなくてもいいという程度の便利さだともいえる。

しかし、ＡＩがこれらのインターフェイスの後ろ側でもっと本格的に動くようになり、単に既存の情報を引き出すだけでなく、使い手の立場やニーズに応じて情報を編集・加工して提供できるようになれば、有用性は格段に高まるはずだ。その可能性が現在の技術の延長線上にあるということは、容易に予測されるだろう。

実用レベルにある音声入力での文章作成

現時点でアマゾン・エコーに触れたことのある人は限られるとしても、iPhoneやアンドロイドのスマートフォンを使用している人ならかなりいるはずだ。

では、スマートフォンとのやりとりのインターフェイスに音声を日常的に使用している人は、どれくらいいるのだろうか。

マーケットリサーチを行っているCreative Strategies社の調査によれば、iPhoneユーザーの7割はSiriをめったに使わない、もしくはたまに使うことがある程度で、2%のユーザーに至ってはまったく使ったことがないという。アンドロイドにおける「OK, Google」はもう少し使用率が高いが、それでも6割は滅多に使わず、4%は使ったことがない。

そもそも、スマホやPCを操作するにあたって、声を出してコンピュータに呼びかけるという発想がない人も多いのではないだろうか。思いつかなければ、それは使われなくて当然である(自動車を運転しているときなど、ハンズフリー環境が求められる場合には重宝するのだが)。

この調査では、1回でも使ったことのある人の割合は90%台後半にのぼるが、「もの珍しいのでとりあえず試してみた」というのが実状ではないだろうか。

こうした結果は、「どこで使うか」という環境の違いによっても変わってくる。同研究所によれば、Siriの外出先での使用率は3%程度、OK Googleも12%程度の使用率だ。また、先のCreative Strategiesの調査では、SiriやOK Googleを使用するという人の使用場所は自宅や車の中で、公共の場所では使わないという結果になっている。

つまり、音声入力というコンピュータのインターフェイスは、現時点ではまだ主要な入力方法になっていないわけだ。

その要因として考えられることのひとつに、デバイスの「声の認識率」がある。これまでも、ＰＣのワープロソフトで音声認識による文章作成は可能だったが、かつてのソフトは声の認識率が高いとはいえなかった。

しかし現在は、スマートフォンでツイッターやＬＩＮＥなどのメッセージを音声認識で作成することはそれほど難しくない。

実際、筆者は「Apple Watch」でメッセージの返信をすることがよくある。ちょっとした返信をするときは、わざわざiPhoneを取り出さなくても、返信ボタンを押してマイクの表示のボタンに触れてから少しゆっくり話せば、ほとんど間違いなく音声を認識してテキストに変換してくれる。ゆっくり話しても、場合によってはフリック入力（タッチパネルで指を素早く動かして行う入力）より速いと感じる。

メッセージだけではなく、ちょっとした検索をApple WatchのSiriで行うこともあるが、やはり誤認識はほとんどない。

それどころか、もっと本格的に音声認識を使っている人もいる。超整理法などで有名な野口悠紀雄氏は『話すだけで書ける究極の文章法』（講談社）という著書でその実例を挙げ、すでに十分実用の域に達していることを示している。

グーグルの検索ウィンドウに数式を入力してEnterを押すと、答えが表示されるのをご存じだろうか。それと同様のことがSiriでも可能で、Apple Watchに向かって「Hey, Siri、569割る38は?」と聞くと、「14.973684210」とすぐに答えを出してくれる。仕事中にちょっとした加減乗除をしなければならないとき、今までは電卓やブラウザで計算していたのを、しゃべりかけるだけで簡単に答えを教えてくれるのだから、たいへん便利だ。

音声入力の心理的なハードル

人によっては、滑舌の関係で音声が認識されにくいこともあるようだが、多くの人がSiriやグーグルに話しかけ、それによって数多くのサンプルが解析されることで急速に認識が高まってきている。少なくとも、人間同士の会話で聞き返す程度にまで精度が上がっている。音声認識のインターフェイスとして、すでに実用段階になってきているのだ。

2016年のWWDC(Apple社が毎年開催している開発者向けの最新技術の説明イベント)において、SiriのAPI(ソフトウエアを共有するための仕様)が公開された。これによれば、Apple純正ではないサードパーティー製ソフトでも、Siriをインターフェイスにして音声で操作できるようになるという。どこまで普及するかはこれからの開発次第だが、これは音声による操作普及のきっかけになるかもしれない。

現時点で音声入力が普及していない原因としては、「人前で声に出すことの恥ずかしさ」も大きいだろう。他人がまわりにいるような場所で、機械に向かって声を出しにくいのは自然なことだ。

普段から私たちは、公共の場所でも誰かと会話をしながら歩いていたり、レストランなど大勢の人がいるところで普通に話をしたりしているが、Apple Watchやスマホに向かって語りかけている人はほとんどいないと思われる。筆者自身もしないし、まわりでApple Watchで電話を受けている人を見たこともない。

それは、周囲の注意をひいてしまい、奇異な目で見られる（ある年代以上の人にとっては、横山光輝の『ジャイアントロボ』のような世界に感じられるかもしれない）うえ、会話が双方向で丸聞こえになってしまうからだろう。

しかし、私たちはいまや、人が周囲に大勢いる場所で携帯電話を使って話すことに抵抗がない。欧米あたりではヘッドセットをして、歩きながらひとりごとのように話をしている人の姿もよく見られる。携帯電話を誰もが使いだしたのは90年代後半からだが、それからの20年程度で、少なくとも、自分の声が周囲に聞こえても、電話の向こう側の声が周囲に聞こえなければ気にならないという認識に変わった。

したがって、今後何か秘密の話をするのでもない限り、周囲に人がいてもとりたてて気にせず、誰もが当たり前のように音声入力するようになる可能性は大いにある。

いま私たちは何かちょっとわからないことを、たまたま一緒にいる友人や同僚、あるいは家族に聞くということを日常的にしている。それと同じ感覚で端末に話しかけるような使い方が徐々に広がれば、AIとの対話はごく普通のことになっていくだろう。

さまざまな分野で活用され始めている

しゃべることが苦手な人でも、AIとのやりとりを楽しめるサービスがある。

マイクロソフトが提供しているAI「りんな」がそのひとつだ。りんなは女子高生という設定のキャラクターで、LINEやツイッターのアカウントをもち、ユーザーと交流するサービスを行っている。人間ではないのに面白い会話ができると評判だ。

それらのアカウントをもっている人なら誰でも、友達登録さえすればすぐにりんなとの会話を始められる。何か役に立つことを話すというよりは、少しはずした会話を楽しむためのものだが、それでも会話が成立している面白さを味わえる。

りんなに似たものとして、米マイクロソフトがリリースしたＡＩ「Tay」があるが、こちらは人種差別発言で暴走して物議を醸した。とはいえ、誰もがアクセスしてＡＩを楽しんだり、日常にいかしたりできる時代になっていることは確かだ。

ＬＩＮＥとマイクロソフトは２０１５年８月、企業向けのアカウントにりんなを提供することを発表した。昨今、企業がＬＩＮＥのアカウントをマーケティングに活用するケースは珍しくないが、そこにＡＩを活用することで、一方的な情報のプッシュではない双方向のコミュニケーションを実現できるようになる。

ヤマト運輸は、ＬＩＮＥ上の会話形式で荷物の配達状況の確認や再配達依頼をできるようにしている。やっているのは通常のウェブサイトでできることと同じだが、会話をしながらというのがポイントだろう。筆者も使っているが、ＬＩＮＥの会話の中ですべて片づくというのはたしかに楽だ。

ＡＩを活用したアプリケーションはほかにもあり、たとえば洋服のコーディネートをしてくれるスマホアプリ「Sensy」が注目を集めている。これは日本のカラフル・ボード社によるもので、対話形式でさまざまな洋服の好き嫌いについてやりとりをしながらユーザーの嗜好を把握し、それに沿って上着から靴までのコーディネートを提案してくれる。

洋服に特別なこだわりがなくても、買い物をするときに頭を悩ませたり、コーディネートを考えたりするのを面倒に感じる人はいるだろう。そんな人にこのようなアプリはうってつけだ。

今のところ、好みを伝える方法はアプリ側が提案する服への対応のみで、かつユーザー側の回答は好きか否かの二択という学習方式のため、細かい要望まで加味してくれるとはいいがたい。しかし、もしこのアプリがユーザーの情報をもっとたくさん拾って総合的に判断できるとしたらどうだろうか。

日常着ている服や好みのブランド、顔や体の特徴、どんな仕事をしているのか、その日は何をする予定か、どんなシチュエーションが予定されているのか、予算はどれくらいか——。それらを取り込んだうえでコーディネートができるようになれば、しっかりTPOを押さえた服のコーディネートも可能になるはずだ。

「ロボット」に私たちが求めるもの

アマゾン・エコーのような機器が普及し始めたことに新時代の到来が感じられる一方、それだけでは物足りなさも残るに違いない。私たちが子どものころテクノロジーの進化を予測したとき、その中心にあったのはロボットではないだろうか。

ロボットはある意味、ＡＩよりなじみ深い存在だ。古くからマンガやＴＶアニメなどで人間と同様に話し、人間以上に活躍する姿がいくつも描かれてきた。

現実の世界で実際にロボットと呼ばれていたものは、危険であるがゆえに人と同じ空間では作業できない、単機能の巨大な産業用ロボットであったり、ホビーの域を出ない二足歩行のロボットであったりした。

そのように機能が限定されていたのは、物理的に動く機械としての条件に制約があり、人間と同じように動かすのが難しかったからだろう。なにより、ロボットを制御すべきコンピュータが、当時は人間の脳や神経と比較するに値しないほど単純だった。それゆえ、従来のロボットは、決まりきった動作をプログラムして使うにとどまったのである。

しかし、昨今のＡＩと同様、ロボットもこの数年で急速に注目度が高まった。従来のロボットはあくまで「災害現場で活躍するロボット」など、主として機能面に焦点が当てられてきた。

それがいまや、軍事ロボット事業で有名なiRobot社の「ルンバ」が家庭用ロボット掃除機の代名詞となり、日本の家電メーカーもそれに続き、ロボット掃除機を販売するようになった。筆者の自宅でも一台のロボット掃除機が日常的に家の中を動き回っている。

ロボット掃除機は完全に自分の意思で動き回るものではなく、あるプログラムに沿って動いているのだが、だからといって単にメカの部分の進化だけでできあがったわけではない。スイッチを入れたら無軌道に動いたりせず、自分の周囲の環境を把握しながら活動し、さまざまな環境が想定される一般家庭でもスムーズに掃除をして回ることが可能になったのは、頭脳やセンサー類の進化なくしてありえない。

「周囲の環境をきちんと把握できる」というのは、人とのコラボレーションが容易になることを意味する。産業用ロボットもまた、いっそう私たちの役に立つものとなった。

従来の産業用ロボットは基本的に大型で、工場などではたいていロボットの可動範囲内に人が立ち入ることは禁止されている。そうすることで事故を防いでいるわけだ。それが一般的であり、人間が何かの作業をする際の補助的な動作をロボットが担うというのは難しいことだった。しかし最近では、ドイツのＫＵＫＡ社が発表したように、人工知能を搭載して人との協調作業ができる産業用ロボットも登場している。

人々の一般的な生活と密着したロボットがあるとして、人とロボットの協調作業に必要なものとは何かといえば、それはコミュニケーションである。昨今、先にふれたペッパーのような「人とのコミュニケーション」を中心にすえたさまざまなロボットが開発され、大きな期待が寄せられている。

コミュニケーションロボットに限らず、最近新しく登場したロボットに共通しているのは、閉じた環境にはないということだ。インターネットに接続されることがほぼ当たり前になっているし、さらにその背後にはＡＩが控えている。

つまり、自分の小さな筐体《きょうたい》の枠を超えた、非常に大きな潜在能力を秘めているということだ。ＡＩにつながっているからこそ日々学習し、進化していくのである。

「モノ同士」がつながっている世界

人工知能は人間でいえば脳、音声認識が耳、ロボットが手や足にあたるとすれば、

IoTは神経に相当する。IoTとは「Internet of Things」、つまり「モノのインターネット」のことだ。

インターネットが普及し始めた当初、非常に遅かった回線スピードは次第に速くなり、PCやスマホをもっていれば、いまやどこにいてもネットにつながる世の中に変わった。単に情報を得るだけではなく、さまざまな購買活動から調達などのソーシング、ネットバンキングまで、日常的な活動や取引がネット上で実現する。

しかし数年前までは、あくまでもインターネットにアクセスする主体は人であって、しかもアクセスにはパソコンやタブレット、スマホなど特定の機器が不可欠だった。

その状況が変わってきたのが、IoTが登場するようになったここ数年である。

これまでのインターネットでは、あくまでも人がパソコンやスマホなどを介して何かとつながっていたのが、人が関与せず「モノ同士」がインターネットを介してつながるようになったのだ。世の中のあらゆるものがインターネットでつながるようになり、本当の意味でのユビキタス（いつでもどこでも存在すること）が実現することになった。

では、このことの何が素晴らしいのだろうか。

いままでインターネットで情報を送ろうとすれば、人がそれを明示的に送ってやる必要があった。ところが、もともと情報をもっている機械、あるいは情報をつくり出す機械同士が直接つながることで、授受されるデータの量がケタ違いに変わってくる。

そうすると、きちんと動作の条件を定義しておけば、もはや人が介在しなくても機械のオン・オフはもとより、より細かな制御をインターネット越しにできるようになるのだ。

こうした変化をもたらした要因としては、さまざまな情報を集めるセンサーが小型に、そして安価になり、あらゆる生データの収集や送信が容易になったことが挙げられる。

もちろんこの変化はAIの進化にもつながった。AIの学習に必須なデータを労せずして大量に集めることができるようになったのだ。

AIは2045年には人間を凌駕するともいわれているが、そのためには学習を重ねる必要がある。そして、膨大な量のデータが不可欠だ。人間同様にAIもまた、的確な判断をするためには十分な情報が必要となる。

しかし、人が主体となって膨大な量のデータを集めるのは簡単ではない。意図的に記録したり、それをデータ化して送信したりするのには途方もない労力を要する。

では、もしセンサーが感知したことを機械が自動的に数値化し、ネット経由でサーバーに送ったとしたらどうだろうか。人はまったく手間をかけずに、サーバーが必要な情報を処理し、解析して、人間が役立つ形に加工して知らせてくれる。

「ベテランの直感」に相当するものが人の労力をかけずに数値化され、解析されることで、その分析結果を誰でも容易に享受することができるというわけだ。

ベテラン並みの優れた需要予測も可能に

たとえば、ある量販店ではセンサーとWi-Fiを活用して顧客の行動情報を逐一把握する取り組みを行っている。

昨今、フリーのWi-Fiはユーザーに歓迎されており、店内に顧客向けのフリーのWi-Fiを用意すれば大いに使われることになるが、それは量販店にもメリットをもたらす。通信を通じてスマホアプリの利用履歴などを知ることができるからだ。

また、カメラを設置することで、来場者の大まかな属性と行動パターンなどを把握することも可能だ。このような活動にあたっては、もちろんプライバシーへの配慮が欠かせないが、合法的に行われ、個人情報保護がきちんとなされているのであれば、ビジネスをする側とって非常に貴重な情報となる。

ＡＩによって行われたさまざまな情報の分析結果や、次にどのような行動を起こせば有効な営業活動につながるのかといったことがわかればいい話であって、このシステムを運用している側の人間は個別の情報を見る必要はない。

現在、センサーやカメラ、あるいはアプリによって情報を集め、それを一カ所に集約するところまで行っている企業は増えているだろう。特にビッグデータを扱うことができるような環境になってから、さまざまな「モノ」からの情報をインターネット経由で処理するのは特別なことではなくなってきている。とりわけ小売業のような業態であれば、それらの情報をリアルタイムに処理して、即座に手を打ちたいと思うのは当然だろう。

ある回転寿司チェーンでは、そのようなデータ予測が可能な総合管理システムを導入し、1分後と15分後に必要なネタを推測したり、顧客の食欲を数値化し、その数値にもとづいてすぐ先の需要を読んだりするといった取り組みを行っている。

顧客の要求に応じたネタを提供できるということは、顧客の満足度を高めるとともに、店側の廃棄（ロス）の減少、コスト削減に結びつく。つまり、顧客と企業がWIN-WINの状況を実現できるのだ。

これは、センサーなどによって、まさに「モノ」からダイレクトに情報を集めることができるようになり、ネットを通じてそれをシステムに即座に送り込み、リアルタイムで分析できるようになったからこそ導かれる結果である。

回転寿司に限らずどの業種でも、売上げの多い店舗では、臨機応変な目利きの店長が売れ筋の製品をタイムリーに提供してきたはずだ。それはいわゆるベテランの勘にもとづいた判断だが、いまではIoTのテクノロジーを利用することで、データに裏打ちされた、おそらくベテランの経験や勘にもとづく判断以上のものを、リアルタイムで現場に反映させられるようになったのだ。

暮らしの中に広がり始めた「IoT」

IoTは企業だけでなく、個人の暮らしでも活用される時代になりつつある。いわゆる「オムニ家電」と呼ばれる家電が次々に発表され、これから私たちの生活に大きな影響を与えることが予測されているのだ。

なかでも冷蔵庫は、インターネットとつながることで足りない食材を外出先から確認できるようになるなど、たいへん画期的だ。庫内にカメラが搭載されていて、中にある食材をスマホで見ることができるという仕組みである。購入した食材のバーコードを読み込ませておくと、冷蔵庫の正面についているディスプレイで在庫を確認できたり、あるいはそれが減ってきたら、ディスプレイから即座に注文できたりもするという。

また、アマゾンが２０１６年に「Amazon Dash Replenishment」というサービスを開始している。これに対応した機器はインターネットと接続され、必要な消耗品を半自動的にアマゾンから購入できるというシステムだ。たとえばインクジェットプリンタであれば、インクの残量が減ってくると補充用のインクが自動的に発注される。

家電製品はずいぶん前からハイテク化、自動化が進んでおり、昔と比べればオムニ家電でなくても十分使いやすくなった。しかし、従来品はあくまでそれぞれの家電が単独で存在しているだけで、マシンのハイテク化が進んだとはいえ、消耗品の面倒までは見てくれない。在庫が少ないことを教えてくれたり、消耗品の受発注がネットで簡単にできるようになったりしても、結局人間が何かをする必要があった。

それが、ユーザー側にあるいちばん末端の機械、たとえばセンサーやユーザー自体のスマホと、そこからの情報を受け取り、処理をするコンピュータが人を介さずネットでダイレクトにつながり、人間が気にかけなくても必要なことをやってくれる。そこにＩｏＴ家電のメリットがある（まだ実現していないが、筆者の事務所のレーザープリンターも勝手にトナーや紙を必要なタイミングで発注してくれたら、ずいぶん楽だと思う）。

ＩｏＴはさまざまな機械同士をダイレクトにつなぐ神経のようなものなのだから、電気とコンピュータで動くものであれば何に対しても応用可能だ。

家全体の電力を管理する「HEMS（Home Energy Management System）」というシステムにもＩｏＴがいかされており、これを導入すればパソコンやタブレットなどを通じて電気の消費量を確認することができる。自宅で使用している電気に関わるすべての情報が一元的に管理され、もし太陽光発電を行っているのであれば、ソーラーパネルとつないで発電量を確認することもできる。

このシステムの目的は電力の使用状況の可視化だが、これが一歩進んでＡＩにつながれば、最適な電力の使い方を自動的に行うことも可能になるだろう。

ＩｏＴは医療の分野にも広がっており、アメリカでは「CliniCluod」のような、病院に行かなくても簡易的な診断が在宅で受けられるサービスが始まっている。デジタル体温計とデジタル聴診器のデータをクラウド上にアップし、症例データと比較して異常があるかどうかを判断するというサービスだ。

これ以外にも、IoTの事例は挙げていけばきりがないほどある。個別の機器がひと昔前のコンピュータを楽に凌駕する機能をもち、それがIoTの仕組みの中でつながるようになった。AIはロボットをはじめとするさまざまな機器を、まさに自分の手足のように動かすための神経系を得たといえるだろう。

人工知能はいかにして人工知能になるのか

ここまで、AIはどのようなもので、どんなふうに活用されているのかというだいたいのイメージをつかんでいただけたかと思う。そこで次に、AIがいかにして現在のレベルにまで発展を遂げたのかを見ていきたい。

ハードウエアの進化がAIの進化に不可欠だったことは先に述べたとおりだが、コンピュータの進化について振り返ってみると、一貫して急速であった。

筆者は小学校高学年のころ、父親の仕事の関係で初めてコンピュータを扱う機会に恵まれた。NECのTK80とTK80BSというマイコンである。大きなモニターと今のデスクトップPCに匹敵するような筐体に、ボードが収まっていた。

このマシンは、BASICというプログラミング言語を使えたのが当時は何より画期的だったのだが、搭載メモリはわずか7キロバイト。いま筆者が業務で使用しているマシンが16ギガバイトのメモリを積んでいることを考えると、比較にならないほどの小ささだ。

そんな時代では、コンピュータが人間のように考え、人間と対等に話をすることなどSFの世界の話でしかなかっただろう。

しかし、コンピュータは「ムーアの法則」に沿うように急速に発展していった。ムーアの法則とは、インテルの創業者のひとりであるゴードン・ムーアが提唱した、「集積回路上のトランジスタの数は18カ月ごとに倍になる」という経験則である。これは基本的には、コンピューティング・パワーが時間を経るごとに急速に増加していくことを意味する。コンピューティング・パワーが増大するということは、簡単にいえば、コンピュータでより複雑なことができるようになるということでもある。法則に従うようにして、メモリの大きさはケタ違いに大きくなっていった。

このようなハードウエアの進化は、間違いなくコンピュータの〝頭のよさ〟につながっている。ハードウエアの進化とともに、その上で動くソフトウエアも長足の進歩を遂げた。コンピュータは、少なくとも命令したことに限っては、人間の能力をはるかに超えることができるようになった。そのように進化しつつあるハードウエアの中で動くのが、人工知能である。

人工知能と呼ばれるための条件とは

では、人工知能は現段階でどこまで進化しているのだろうか。人工知能をどうとらえるかにもよるが、『人工知能は人間を超えるか』（松尾豊・KADOKAWA）によると、本当の意味での人工知能は、「2015年現在、まだできていない」という。世間に「人工知能搭載」を謳った製品があふれてきたことを考えると、意外な答えだともいえるが、「人間のように考えるコンピュータ」はまだ現れていないということだ。

しかし本書の趣旨としては、人工知能は「より自律的に活動できる存在」であると拡大解釈して話を進めていきたい。なお、松尾氏は同書において、人工知能の定義を「人工的につくられた人間のような知能、ないしはそれをつくる技術」としている。

そのような定義をふまえたうえで、人工知能はどうやって人工知能になるのかを見ていきたい。

人間は生まれた時点で立派な脳をもっているが、赤ちゃんの脳は未発達で、発展途上の段階にある。立派なハードウエアを備えていても、人間として一人前とはいいがたい。一人前になるには、学習することが不可欠だ。それと同じように、人工知能が（一人前の）人工知能になるには学習が必要になってくる。

松尾氏の先の著書によれば、人工知能は４つのレベルに分けられる。それぞれのレベルを簡単に紹介しておこう。

まず、レベル１のＡＩは、「最も単純な制御プログラム」と位置付けられている。

このレベルのものをＡＩと称する製品も多いが、人工知能の範ちゅうに含めるには、やや違和感を覚える段階だ。というのも、単純な制御プログラムであれば、普通のコンピュータのプログラミングと変わりがないからだ。人間による入力にせよ、センサーとＩｏＴによる入力にせよ、インプットに対して、あらかじめ導入されているプログラムに基づいて反応を返しているにすぎない。

つまり、「考えている」というイメージからは離れたものなのだ。ＡＩというよりは制御機器というほうがしっくりくるかもしれない。

次のレベル２は「古典的な人工知能」で、インプットに対するアウトプットがレベル１

ほど単純ではなく、もっとふるまいのパターンが多いものだとしている。事例としては、お掃除ロボットや将棋のプログラムが挙げられる。

入力のパターンが非常に多く、それに対するアウトプットも多いため、推論が発生してくる段階だ。このレベルになって、「脊髄反射」の段階から「少しばかり考える」段階に入ったといえるだろう。

そしてレベル3になると、「蓄えられたデータを元にした推論」ができるようになってくる。それまでは、単純か複雑かはさておき、その場の情報をもとにプログラムが判断していたものが、推論の仕組みや知識ベースを活用して、大量のデータをもとにコンピュータが学習を始めるようになったというわけだ。松尾氏は、昨今の人工知能はこのレベル3を指すことが多いとしている。

ちなみに、知識ベースはナレッジベースとも呼ばれ、一時期バズワードとして流行したナレッジ・マネジメントのためのデータベースのことで、単なるデータの集合体ではなく、その知識をもっと組織化したものだといえる。

これらの知識をもとに学習を進めていくための仕組みが、「機械学習」のアルゴリズムである。人間は誰かに教わらなくても自然に学習して成長していく力をもつが、そのような学習能力をコンピュータで実現させるためのシステムのことだ。

具体的には、センサーからの情報やデータベース上の情報をもとに解析を行い、その中から意味のある規則やルール、判断基準などを抽出していく。私たちが日々浴びるように入ってくる情報を取捨選択しつつ、社会で生きていくための規則やルールなどを学び、成長していくのと同じだ。

そういう意味では、昨今ビッグデータが楽に処理できる時代になり、機械学習がその力を発揮できるタイミングを迎えたといえる。

現在の「データをもとにした人工知能」というのは、この機械学習をベースにしたものが多いと考えていいだろう。この段階までくると、かなり人間の脳に近いイメージもあるが、実はまだ人間への依存度も高い。分析にあたって、どのような変数で検討すべきか、分類はどのようにすべきかなどを考え、選択する必要があるが、この段階ではまだ人間がそれを行う必要があるからだ。

たとえば、マーケティングなどの業務で、生データの数字をもとに経営や次の戦略の打ち手を考えることになったとする。そのとき、どのようなモデルで検討し、どのような数値を重要視して考えるのかで、その後の選択肢は大きく変わる。このレベル3では、まだコンピュータだけでそこへたどり着く段階になっていないということだ。

そのため、今のＡＩは「かなり頭のいい機械にはなったものの、人間同様に考えてくれているわけではない」という評価にとどまっている。ただし、計算能力は非常に高いので、ごく限られた分野においてはすさまじい能力を発揮する力を秘めている。

「ディープラーニング」が新たな境地を開く

この段階を超えて、より人間に近づいたのがレベル４の人工知能、すなわち「ディープラーニング（深層学習）を取り入れた人工知能」だ。

レベル３の機械学習では、データを表現するための変数（前出書では「特徴量」と表現）を、人間が定義してやる必要があった。一方、レベル４のディープラーニングでは、人に教わることなく、コンピュータがみずから学び、何に着目すればいいのかを自動的に選ぶことができるようになっている。つまり、学習や分析のために重要な変数を、学びながら自分で見つけていけるのだ。ディープラーニングによって、まさに人間のような自律的な学習が可能となったのである。

そのディープラーニングとは、どれほど素晴らしいものなのか。

ディープラーニングが注目を集め始めたのは2012年ごろのことだ。その年、コンピュータの画像認識の精度を競う国際コンペティション「ILSVRC」でトロント大学が優勝し、人工知能研究の世界に衝撃を与えた。

このコンペでは、コンピュータに物体を認識させ、何が写っているのかをいかに間違えずに回答させられるかといったことを競うのだが、実績のある研究機関を抑えて優勝したのがトロント大学だったのだ。しかも、他の研究機関のエラー率が26％台であったのに対し、トロント大学のそれは15％台。その勝因こそディープラーニングだった。

画像認識について専門的な話をすると、ディープラーニングでは、脳の神経回路を工学的に模した「ニューラルネットワーク」と呼ばれる回路を使うのが特徴だ。

コンピュータは何かを見たとき、その画像の画素から線や輪郭から形を読み取る。最終的にどんな物体かを認識するのだが、従来の機械学習では、その物体の形状の特徴を抽出するにあたっては、人間がその物体の画像を構成する要素を与えてやる必要があった。

それがディープラーニングでは、画像と物体名という、人がそれを何かと認識するときと同様の情報だけで、認識すべき構成要素を判断することができるようになったのだ。

これが実現してから、画像認識のコンペでも圧倒的な精度が実現するようになった。

つまりディープラーニングにおいては、従来の機械学習と違って、データを表現するための変数を人間が指定する必要がない。機械自体がさらに次の一歩を踏み出すために、自分で行動に移すということだ。そこに大きな飛躍があり、それゆえ世界から非常に注目されることになったのである。

ここまでくれば、人間と同レベルの人工知能が実現したように思えるかもしれないが、松尾氏いわく、ディープラーニングでそれが実現するわけではない。

しかしながら、ディープラーニングによって、AIが新たな境地に達したのは確かだ。コンピュータやロボットが人に頼らず、自律的に行動する方向へと大きく動きはじめた。いま世界中で、この分野に大きな投資が行われており、これをきっかけとしてさらに研究が進むことは十分に期待できる。

ディープラーニングの詳しい説明について興味のある方は、先に挙げた松尾氏の著書や、『イラストで学ぶディープラーニング』（山下隆義著・講談社）など、その分野の専門家の書かれた本を読まれることをおすすめする。

完全な自動運転技術はいつ実現するか

公道を一般の車に交じって自動運転車が走るという、これまではフィクションの世界の話でしかありえなかったことが、リアルな世界で起ころうとしている。

すでに10年ほど前から、人間の運転を支援するハイレベルなシステムが、私たちが日常的に使う自動車に実装されている。たとえば、少なからぬ人が苦手とする縦列駐車の支援システムや、自動で働く緊急ブレーキなどがそうだ。といっても、それらはあくまで人間がさまざまな操作を行うことが前提にあり、人の操作を補助するためのものだ。

では、そもそも自動運転車は、これまでの自動車とどう違うのだろうか。

カメラや各種センサー、レーダーなどのハードウエアやGPSを搭載し、それらが認識した情報をAIが処理することで運転のための制御機器が動かされる。これが自動運転の基本的な仕組みだ。

もっとも、自動車の運転におけるGPS機能は誤差が大きいため、実際には自動車自体に搭載されたセンサー類からの情報を処理することが重要になる。なお、プリンストン大学のジェラルド・オニール教授が1981年に刊行した書籍では、道路側にマーカーと呼ばれるものを埋め込み、それを自動車のセンサーが拾って道路をトラッキングしていくという仕組みが想定されていた。

現在、米国運輸省の国家道路交通安全局（NHTSA）の発表したレベル分類が自動運転技術の指標となっており、自動化のレベルによって5つの段階に分けられている。

自動運転の機能がまったく装備されていない、人間のドライバーが運転する自動車はレベル1以前、つまり「レベル0」だ。私たちが長く慣れ親しんできた、ごく普通の自動車のことだ。

前方衝突の警告など、ドライバーに注意をうながす機能があったとしても、制御系に対して何も影響を及ぼさないのであれば、やはりレベル0の段階になる。

次の「レベル1」は、アクセルをふかして加速する、あるいはハンドルを制御して操舵し、ブレーキをかけることのいずれかをシステムが行う状態とされている。

この段階の典型的な例は自動ブレーキだが、一般的なクルーズコントロールも巡航状態でスピードを制御したり、車間距離を調整しながら速度を制御したりして、運転手が制御を切らない限りは自動車自体が行うことになるので、このレベルと考えていいだろう。

それがさらに進むと、「レベル2」になる。簡単にいえば、レベル1でやっていたような制御をひとつではなく、複数組み合わせて行うという段階だ。

レベル1では基本的に自動化はスピードの制御のみだったのに対して、レベル2ではステアリングアシストにまで導入されてくる。つまり、レベル1ではスピードは自動車にまかせられるものの、車線をはみ出したりしないように運転手が操作する必要があったのが、これさえも自動車にまかせられるようになるということだ。

もっとも、レベル1のように運転手が常に自動車を監視し続けていなければならないことは変わらない。いまのところこのレベルの自動車は、たとえば運転手が一定時間ハンドルから手を離していると、システムが解除されるような仕様になっている。

市販車としては、スバルが2017年にレベル2相当の自動運転機能をもつ車種を投入すると発表している。また、経産省と国交省による「自動走行ビジネス検討会」が、一般車両のレベル2相当の自動走行を2018年までに実現させるとしている。

さて、「レベル3」になると、実質的に運転に関わるすべての制御を自動車自体が自動的に行う。トラブルなく走行している限り、人間の運転手は何もする必要がない。特に長距離ドライブでの運転負担が大きく減ることになるはずだ。ただし、緊急時は人間の運転手が最終的な責任を負うことになっており、運転手は即座に対応する必要がある。

このレベルの自動運転車は、現在の最も進んだ旅客機のようなものだと考えていいだろう。飛行機の場合、離陸してしばらくしたら自動操縦に切り替えるし、緊急時の対応についてもレベル3の自動運転車と同様だ。たとえば着陸時、天気が悪く視界が遮られるときでも、カテゴリーⅢBの空港であれば、決められた最低限の滑走路視程がある限り外部視界に頼らなくても着陸できる。しかし、何か緊急事態が発生したときは、人間のパイロットが責任をもって対応する必要がある。

現時点では、レベル3に対応した市販車はまだ存在しないが、主要な自動車メーカーはレベル3相当の自動運転車の一般販売を目指して開発を進めている最中だ。日本政府としても、2030年ごろまでに通常の状態で運転手が運転以外のことをできるレベル3に到達することを目指している。さらに、トラックなどが隊列を組んで、先頭の車両のみ人間の運転手が運転し、その後ろに自動運転車が続くという走行方式について、2020年ごろまでに実現させる可能性に言及している。

レベル3が条件つきの自動運転システムだとすれば、最高段階の「レベル4」は、完全な自動運転システムだ。このレベルの自動車になると、通常の状態での運行のみならず、緊急時の操作も含めて人間が関与することがなくなる。

レベル3の市販車も存在していない今、一般の運転手が公道を走れるレベル4相当の市販車は存在しない。

もっともオランダでは、運転手がいない状態で、実質レベル4相当の小型バスが公道を走ったという話がある。発表によると、デモ走行では200メートルの距離を時速8キロで走ったという。実用にはほど遠いようにも感じられるが、今後に期待できる一歩を踏み出したことは確かだ。

リモコンで車外からの駐車も可能

現在、国内外の自動車メーカーが技術投資を行い、自動運転車の開発に力を注いでいるが、近年この分野を牽引しているのはグーグルである。

創業者のセルゲイ・ブリンが2012年、自動運転車を一般向けに提供すると発表し、それ以降、自動運転車の進化はいよいよ勢いを増すことになった（のちにプロジェクトのディレクターであるクリス・アムソンが、2017年から2020年の間に実現するとコメントした）。実際グーグルは、これまでプリウスなどを自分たちで改造し実験していたが、それをフィアット・クライスラーとの協業に変えるなど、これまで以上に本格的に開発を進めている。

また、これは半自動的ともいえるが、BMWが2015年10月、リモコンを使った遠隔操作で駐車を自動で行える「リモート・コントロール・パーキング」を発表した。「7シリーズ」のオプション機能として実装されたものがすでに販売されている。

これを使用すると車外から車を動かすことができるため、狭い駐車場に入れるときなどにとても便利だ。運転手が運転席に座っていなくても、リモコン操作で自動的に適切な位置に駐車される。日本では、駐車スペースが狭すぎてなんとか駐車しても降りるのが大変なケースがあるが、こうした機能でそれが改善されるわけだ。

活動はあまり派手ではないが、日本のメーカーも積極的に自動運転についての取り組みを進めている。たとえばトヨタは首都高速道路において、有明ICから福住ICまでの5・5キロというごく短い区間ながら、自動運転の実証実験を公開している。

また、日産自動車は2015年10月、メディアに自社の自動運転技術を公開した。同社はこの技術を「日産インテリジェント・ドライビング」と名付け、今後2020年代に向けて自動運転技術を投入していくことを発表しており、2020年までに欧州、アメリカ、日本、中国向けの複数車種に自動運転技術を搭載していく予定だ。

自動運転社会実現へのロードマップ

自動運転車の実用化や走行の実現化は段階的に進むと考えられるが、具体的にはどのようなタイミングで普及していくのだろうか。

それは、あるときすべての道路で一気に自動運転車が走行可能になるのではなく、これから2020年代の前半にかけて、段階的に進んでいくと予測される。

いますぐ完全な自動運転を実現することは無理でも、それを構成する技術は次々に導入されている。たとえば、日産は2016年7月13日に自動運転技術「プロパイロット」を搭載したセレナを発表した。この車は、高速道路の単一車線でのハンドル操作やブレーキ操作などでドライバーを支援する。渋滞している高速道路で先行車の自動追従もできるようだ。

ホンダの「ホンダセンシング」というシステムでも、衝突軽減ブレーキや渋滞追従機能付きACC（アダプティブ・クルーズ・コントロール）、車線維持支援システムなどは、どれも完全な自動運転に必要だ。こうした技術が少しずつ充実していって、最終的には自動運転が実現しているというほうが考えやすいだろう。

自動走行ビジネス検討会は、2020年に一般車両のいない状況下で、バレーパーキング（ホテルやレストランなどの玄関前で車を乗り捨て、係の人に任せるような駐車システム）などでの自動運転を実現するとしている。

自動車会社からは、2025年ごろまでに部分的な自動運転を徐々に実現していくことが発表されている。日産やアウディ、ボルボが渋滞時の自動運転について2017年をめどに、また日産自動車の報道発表によれば、高速道路での車線変更まで含めた自動運転について2018年ごろと計画している。都市部での自動運転は、BMWや日産の発表によると2022年ごろの予定だ。

また、政府はレベル3の実現を2030年ごろとしているが、その一方で、安倍首相が2020年には自動運転車が東京を走り回っていると宣言している。東京オリンピックに向けて、無人走行タクシーを想定している模様だ。これは、海外からの旅行者が一気に増えるのを見越してのことだろう。

そのことが一気に実用化への起爆剤になる可能性はある。海外の自動走行での実験において、レベル４クラスの実用化が視界に入ってきていることも考えれば、実現は案外早いのかもしれない。

法整備もボトルネックになる可能性

いくら自動運転の技術が発達しても、道路を走るものである以上、道路交通法をはじめとした関連法令が自動運転車に対応しなければ実用にはほど遠い。

また、事故などが起こったときの責任の所在をどうするのかといったこともルール化されている必要がある。もっといえば、本格的な展開に向けて、自動運転車が公道で一般の交通に交じって走らない限り、自動車が学習することもできないし、より実用的で安全な自動車に仕上げていくこともできない。

アメリカではグーグルがそのような動きをしており、まずネバダ州で働きかけを行い、２０１１年に自動運転車の走行を可能にする法律を成立させている。この法律は２０１２年に施行され、グーグルが実証実験に使うプリウスにライセンスが発行された。さらにカリフォルニア州で州知事が法案にサインし、ミシガン州でもドライバーレス・カーの公道での走行試験が許可されることになった。

とはいえ現在、アメリカでも公道を完全な自動運転車が走れるようになっている州はまだ少数で、アメリカ全土を横断できるまでには至っていない。

日本でも技術発展の動きに後れをとってはいけないと、法令を変更しようとする動きはあるのだが、実は国内の法律さえ整備すればいいというわけではない。というのも、国際的な条約であるジュネーブ条約（道路交通に関する条約）において、自動車には運転手が乗っていることが前提になっているのだ。

しかし、〝AIの運転手〟が技術的に実用段階となり、人間の運転手より安全だという可能性が出てきた昨今、日本に限らず、どの国も法改正を真剣に考えなければいけない時期になっている。この点に関して、各国の行政は比較的保守的であり、グーグルをはじめとした自動車を開発する企業が、「レベル4」を実現すべく法改正を働きかけている。

日本はアメリカでの実証実験を見る限り出遅れている感があるが、現行の法体系の中でもレベル3までは実現でき、レベル4については新たな法整備が必要との見解を示している。2020年に向けて自動走行タクシーなどを普及させるという目標がしっかり進んでいけば、法整備がスムーズに行われる可能性も十分にあるだろう。

「AI×ドローン」で山岳救助での活用も

AIの〝手足〟となり私たちの生活を変えていくものとしては、「ドローン」も想定される。少し前に、アメリカのアマゾンが商品をドローンで届けるという発表をしたとき、驚きをもって迎えられた。同じアメリカのウォルマートも配送テストを行っているという。

これらのニュースをあまりにも突飛だと感じ、懐疑的に受け止めた方もいただろう。

そうこうする間に、ドローンの活躍の場所は広がりつつあり、日本でもドローンで荷物を輸送しようという話が出てきた。しかし実際のところは、現時点ではまだマーケティング的な話題にすぎないようだ。

それは、技術的に可能だということと、現実の商売としてサービスを提供することの間に大きな壁があるからだ。ドローンでは航空規制の問題が実現の障壁となっている。通常の航空機とは異なり、飛行のためのルールがまだ完全に定まっていないのだ。

また、ドローンの飛行に必要なのは民間の資格で、厳密に管理されたパイロットの免許とは違う。さらに、飛行機は航空管制の仕組みによって各飛行機の動きが逐一管理されているが、現在のところドローンにはそれがない。そうした点からも、安全に輸送を行うためのルールやシステムをしっかり整えることが、ドローンを定期的な運送業務に使うために必要ではないだろうか。

懸念材料はまだある。本当に輸送業務に使おうとするなら、それなりのペイロード（最大積載量）が必要だ。輸送機としてはかなり小型なドローンの場合、運べるもののサイズは限られる。それがあまりにも小さければ、実用上の問題も出てくるだろう。

これは航続距離（燃料を最大積載量まで積んで飛行できる最大の距離）にも関係する話だ。ドローンに限らず、飛行機は搭載する貨物も含めた重量が大きいほど航続距離や時間が短くなる。そうだとすれば、アマゾンのように商品を遠くから当日や翌日中に届けるというよりは、比較的人口の少ない地方において、地元の店から比較的小さなもの、たとえば薬などを高齢者の自宅に届ける、といった使い方のほうが現実的だ。

配送業務を一歩進めた取り組みもありえる。救急の患者に対して、小型のドローンでＡＥＤ（自動体外式除細動器）や治療薬を届ける実証実験が２０１６年秋に佐賀県内や九州大伊都キャンパスで始まる。自動飛行のドローンが、１１９番通報のＧＰＳから通報者の位置を把握したり、搭載のカメラの情報から状況判断をしたりするということだ。

ここから一歩進んで、たとえば１１９番での会話からＡＩが状況判断を助け、ドローンが発信前に迅速に搭載するものや対応の準備ができれば、適切な物資を運ぶことができる。

ＡＩも含めた観点からは、ドローンを行方不明者の探索に活用するのが一番有効かもしれない。遭難者探索という目的で、産業用ドローンの開発・販売をしているスカイロボットが東京大学と協力して、山の遭難者探索をドローンで実現するシステムを作っている。

第2章

人工知能の普及がもたらすリスクとコスト

AIが暴走してしまう可能性はある

ＡＩには大きな可能性がある一方で、危険性についても常にささやかれている。よくいわれるのは、ＡＩが自主性をもちすぎて人間がコントロールできなくなってしまうのではないか、あるいは、何らかの理由で暴走してしまうのではないかということだ。どちらも、可能性は皆無ではないだろう。

ＡＩのリスクについては、電気自動車メーカーのテスラモーターズ創業者で、宇宙開発でも世界をリードしているイーロン・マスク氏や、スティーブン・ホーキング氏のような優れた科学者も懸念を表明している。

現時点でのＡＩに限っていえば、人間のコントロールから外れるということは考えにくい。いまはまだ、本当の意味で人間のように行動できるＡＩが存在しないからだ。

人間は歩く、考える、料理をする、絵を描くなど、ひとりで実に多様な機能をこなすことができる。しかしＡＩはそうではない。アルファ碁であれば、碁についてはそのへんの素人はおろかプロですらかなわない実力をもっているが、碁以外のことはできない。自動運転車も、いくら素晴らしいシステムを搭載していても、自動車の機能に関係すること以外は何もできない。

アメリカの発明家にして未来学者のレイ・カーツワイルが予測したように、2045年にシンギュラリティ（技術的特異点）を迎えて人工知能の能力が人間の脳を凌駕するとしたら、そしてその懸念が深刻であるのなら、手を打つ時間はまだある。

実際、そうした懸念を考慮して対策を講じようとする動きもある。グーグル社参加のもと人工知能を開発しているDeepMind社のグループは、AIが人間のコントロールを拒否したり、人間を害する動きをしたりするのを止めるための仕組みを開発したと発表した。簡単にいえば、AIに非常停止ボタンを埋め込むという仕掛けである。

そのやり方はひとひねり利かせたものだ。非常停止がAIにとって不利なものである以上、単に非常停止ボタンを設けただけでは、AIが自らそのスイッチを作動しないようにしかねない。

そこでポイントになるのが、人間に害を与える行動をしないことをいかにも自分で判断し、自律的に決定したかのようにAIに思わせることだ。学習にあたり、人間と同様にAIも、ある行動に対して報酬を与えることで新しい行動を学んでいく。

けっしてAIに悪意がないとしても、人間を傷つける可能性は皆無ではなく、安全性を考える必要はある。ただ、そうしたリスクがあるとしても、ＡＩを活用することが人間の生活に大きなメリットとなることは間違いない。あくまでも活用することを前提として、懸念されるリスクを解消していくことが重要だ。

個人情報の利用をどこまで許容するか

もっとも、ＡＩそのものに対するリスクより、当面の懸念は、あらゆるものがネットワークでつながることでハッキングが発生するおそれや、ソフトウエアのバグなどによってシステム全体がダウンする可能性があることだ。実際のところ、これについて個々のユーザーがとれる対策はあまり多くないだろう。

現在のパソコンでいえば、常にＯＳを最新にしておくことと、マルウエア（悪意のあるソフトウエアや悪質なコードの総称）対策ソフトを導入して、そのデータを常に最新の状態にしておくことくらいしかできないのと同じようなものだ。

あらゆるものがネットワーク化されることの懸念はほかにもある。ネットワークを介して自分が知らぬ間に発信しているさまざまな情報が、その処理のために共有されていることだ。しかし、こうした懸念はいまに始まったことではない。スマートフォンのアプリやSNSなどを使うことで、多くの人があらゆるところに足跡をつけまくっているし、各種ポイントカードを使うことで、個人の購買履歴がいろいろなところで共有されている。さらに、先ごろマイナンバー制度もスタートした。

このような情報が他人の手にわたることの危うさと便利さは裏表の関係にある。もし購買履歴などの情報が一切漏れないようにしようとすれば、コミュニケーション上のややこしい手間が発生してしまう。

いってみれば、自分のプライベートもよく知られているなじみの店でツーカーの店員を相手にするのと、自分のことをまったく知らない店でこと細かに説明するのとの違いだ。

情報を提供しなければならないのは必要とするサービスに対してだけであり、本当に伝えるべき情報かどうかはあくまで本人が判断できる。自分にとって必要なサービスかどうかを吟味したうえで情報を提供することにより、ダメージを抑えることは可能だし、また個人もそうした努力をすべきであろう。

家庭での導入に必要なコスト

また別の側面では、ＡＩの導入にあたって、そのコストを個人や社会が負担できるのかという懸念もある。どんなに使いやすく素晴らしいものであるとしても、導入や維持にコストがかかりすぎるのであれば使うことは困難だ。

しかし現実的に考えて、特に高齢化社会において求められるＡＩやロボット、その他さまざまな機械は贅沢品ではなく、むしろ健全な社会を維持するための必需品だと考えられる。単に高齢者を補助するという見地からだけでなく、高齢者を支える側の人たちの負担を減らすためにも、先進的な製品やサービスがあまねく広がっていく必要があるからだ。

ハードウエアの価格としては、アマゾン・エコーのような声でのやりとりによる装置であれば、それほど高価にはならないと予想される。アマゾン・エコーは日本では未発売だが、２０１６年6月時点の価格は１７９・99ドルと、日本円で2万円以下だ。ほとんどのスマートフォンより安価である。

ロボットはどうだろうか。家庭でも使用できるコミュニケーション主体のもののうち、現在発売されているのは10万円から20万円程度のものが多い。ペッパーの場合、本体価格が19万8000円で、基本プランや保険などを合わせて月々2万5000円程度必要だ。

一般家庭にとって、これはけっして軽い負担ではない。導入にあたっては、価格に見合った価値が得られることが前提になるが、いまのレベルのAIとのやりとりでは、現状の価格につり合うと考える人はそれほど多くないだろう。

ただし、見方を変えれば20万円前後する家電はそれほど珍しくない。最新の多機能の洗濯機や冷蔵庫などは、25万円以上するものが大手家電量販店にいくつも並んでいる。

また、月々の支払いが2万5000円かかるとして、家族全員が大手キャリアと契約して月々7000円程度の携帯電話料金がかかっているとすれば、家族全員で合わせて毎月2万5000円以上かかるという家庭も少なくないだろう。

コミュニケーションや見守りという点に機能を絞れば、たとえば前述した「タピア」なら価格は10万円を切る。それ以外の料金は、スマホとそれにインストールするアプリなどで通信することを除けば、毎月のコスト負担は特にない。

これからロボットの種類がさらに増えていけば、選択肢が広がり、求める機能や予算に合わせて購入しやすくなるはずだ。ロボットとして稼働する多様な機能のうち、純粋なコミュニケーションの機能に絞ったものが安価に提供される可能性もあるだろう。また、目的がコミュニケーションだけであれば、何も独立したロボットである必要はない。家電製品そのものにコミュニケーション機能を埋め込むこともできる。

ペッパーに話を戻すと、個人用とは別にビジネスプランも用意されており、そちらは月額5万5000円だ。仮に受付というシンプルな役割にペッパーを使うとしても、人間の受付担当者をフルタイムで雇えば、同等の金額では到底まかなえない。

人を雇うほどコストはかけられないが、受付対応を電話や呼び鈴で代替するのは避けたいという場合には、ロボットの導入を検討する価値が大いにありそうだ。いまよりもっと人間に近いことを行うには、まだしばらく少し時間がかかるかもしれないが、それもそう遠いことではないだろう。

コストは次第に低下していく

ＡＩの導入コストに関しては、実はそれほど悲観する必要はないのかもしれない。たとえばロボットがインフラとして普及していけば、一般的にコストは下がっていくと考えられる。また、現在の携帯やスマホの販売形式を見ると、本体の料金負担を減らすような料金体系が出てきても不思議ではないだろう。

いま誰もが当たり前のように使っている携帯電話も、販売当初は高額だった。筆者は新しいもの好きで、まだ周囲があまり携帯をもっていないころに購入したが、当時はかなり勇気が必要だったことを記憶している。いまでは小学生でももっているものになったが、同じことがＡＩを搭載したハードウエアに起こっても不思議ではない。

さらに、ひと昔前と違って小規模でも魅力的な製品づくりが実現できる環境が整いつつあるため、メーカーとして参入するハードルが低くなったという要素もある。

３Ｄプリンターをはじめとする、アイデアを形にするための機械や製品開発に必要なさまざまな道具のコストが下がり、比較的小さなメーカーがユニークな製品を開発し、金銭的にメドが立ったところで量産して一般向けに販売する、というサイクルを回しやすい時代になっているのだ。それはＡＩ製品市場の活発化につながり、ひいては価格競争による料金低下にもつながるだろう。

では、ソフトウエアの料金はどうだろうか。従来と大きく変わったのは、高いパッケージソフトを買ってきて、それを機械にインストールして使うという時代ではなくなったことだ。ＰＣにインストールするのではなく、ブラウザ上で使うタイプのソフトウエアが増えている。それにともなって人々の考え方も、「ソフトウエアを買う」という意識から、「ソフトウエアが提供するサービスを使う」という方向性へと変化しつつある。必要なときに必要なだけ買って使うという考え方だ。

サービスによって、月々数百円程度のものから業務に使用するものでは数万円のものまでさまざまだが、おおむね初期投資が少なく負担感が低い傾向がある。

また、最初の1カ月間は無料で試すことができ、納得したら有償のサービスに移行して継続使用するという形や、基本的なサービスは無料でより高度なサービスは有料で利用できる形など、導入へのハードルを下げて提供されているものも多い。

クラウドベースで安価に使えることには、ほかにもメリットがある。家庭ごと、個人ごとにカスタム化されるであろうAIの肝となるデータが常にクラウド上にあれば、機械を新調したりロボットを変えたりしたとき、わざわざ元のマシンにあったデータやアプリケーションをコピーする必要がない。これまでの情報をしっかり受け継いでいるので、スイッチを入れればすぐに使うことができるわけだ。そうした意味で、今後さまざまなマシンは使い手を問わない、誰でも使うことができるものに進化していくだろう。

導入に必ずしも新製品は必要ない

多くの人がスマートフォンやウエアラブル端末を常時手放さない時代になった。それらがネットワークと人間の接点になりうるとすれば、新しいＡＩの機器やサービスを追加する際に、その負担を最低限に抑えることができるだろう。すでに、iPhoneではSiriとのやりとりができているので、追加すべきものはその延長線上にあるというイメージだ。

スマホのネットワーク越しに自分のさまざまなＩｏＴ家電などとつながって、それらの情報を随時ネットワーク上のＡＩが処理し、人間とやりとりするのであれば、新たに大きな投資が必要になることはない。

ＩｏＴによってつながっていないとＡＩの能力をフルにいかすことができないため、ＩｏＴ家電そのものについては買い替える必要があるだろう。冷蔵庫、エアコン、テレビ、洗濯機、掃除機、照明などの生活に必要な白物家電は一般に買い替えのサイクルが長いため、スマホやパソコンとは違い、壊れない限りは買い替えないことが多い。

しかし現在でも、たとえば「iRemocon」（グラモ社が販売しているネットワーク接続型の高機能学習リモコン）のような機器を取り付けることで、新規に家電を買い替えなくてもスマホやタブレットなどのアプリ経由で外部からリモート操作することが可能だ。

さらに、そのシステムや製品が介護をはじめとする社会保障のコストを下げるのに貢献するのであれば、介護保険などの制度を利用して家計負担を小さくできる可能性もあるはずだ。介護給付については、要介護のレベルによって月々に使える金額は異なるが、現在でも、手すりや簡単な支えを必要に応じてすぐに設置してくれるサービスや、介護ベッドのリースなどのサービスが用意されている。

現状、ヘルパーによる訪問サービスは、要介護度がよほど高くなければ毎日受けることはできない。といって、急増する高齢者の数に合わせて、今後一気にヘルパーの数を増やすことは難しそうだ。しかし、ロボットをはじめとするＡＩを搭載した機器が高齢者の介護や補助の一翼を担えるようになれば、その目的に限って行政の補助が受けられるようになる可能性は十分あるだろう。

所有するのではなく「シェアする」社会へ

ここまで、機械やソフトウエアを誰もが使えるようになる可能性について考えてみたが、今度は違う観点から考えてみたい。

ＡＩやＩｏＴに限らず、テクノロジーが進化したことで生産効率は高まるばかりだ。行き着く先には「限界費用ゼロ社会」があり、やがて資本主義が衰退してしまう――。アメリカのジェレミー・リフキン氏が、このことを著書『限界費用ゼロ社会』（ＮＨＫ出版）で述べている。

厳密な定義については専門書にゆずるとして、ここでいう「限界費用」とは、物理的なもの、あるいは人が行うサービスをひとつ追加させたときに発生するコストのことだ。よって、限界費用ゼロというのは、それらにかかるコストがゼロであることを意味する。普段私たちが買うものには値段がついていて、生産者はコストをかけてそれをつくっているわけだが、そうしたコストすべてがゼロになっているということだ。

同書においてリフキン氏は、資本主義が衰退したあと、シェアリング・エコノミーが台頭すると予測している。リフキン氏のいうシェアリング・エコノミーとは、価値観を共有する人たちが、ハードウエアやサービスをはじめとする生活に必要なさまざまなものを共有していくというものである。

ここでいいたいのは、ＡＩのコスト面の懸念を解消する策のひとつとして、シェアリング・エコノミーが期待できるかもしれないということだ。あらゆるものを共有するというのは現実的ではないかもしれないが、エアビーアンドビー（Airbnb）やウーバー（Uber）などのシェアリング・エコノミーが近年注目を集めている。

エアビーアンドビーは日本では「民泊」とも呼ばれ、空き部屋や不動産などを宿泊施設として貸借するためのマッチングサービスのことだ。また、ウーバーとは、スマートフォンやGPSなどを活用して、タクシー会社や個人のドライバーと移動ニーズのある人を結びつけるサービスである。

どちらのサービスも既存のタクシー業界やホテル業界に大きく影響し、エアビーアンドビーはさらに近隣の住民に対しても影響があるため、現在はまだ定着の途上にある。しかし、これらのサービスの利用者が増え続けているのは、貸す（提供する）側と借りる（利用する）側の双方に、既存のサービスでは得られなかったメリットがあるからだ。

ウーバーはエコカー、タクシー、ハイヤー、ミニバンなどの中から、利用者が移動の目的や人数によって選択することができ、地域によって利用できるサービスや料金は異なる。たとえば、ホノルル空港からは安価なエコカーは使えず、タクシーしか使えないが、ちょっと空港から外れた場所であればエコカーが利用でき、通常のタクシーを利用した場合と比べて価格がかなり安くなるというケースがある。

既存のビジネスとその仕組みに依存している事業者はお客を奪われるかもしれないが、一方でユーザーやこの新たな仕組みで働く人にとって、このシステムは双方にメリットがある。つまり、ユーザーは求めるサービスをより安価に得ることができるにもかかわらず、サービスの提供側も持続可能なビジネスができるということだ。

人工知能がシェアリング・エコノミーを後押しする

現在ひとり暮らしの高齢者が移動しようとする場合、自家用車を持っていなければ公共交通機関を使うか、タクシー（または介護タクシー）を使うか、あるいは近所の人の車に乗せてもらうかのうちいずれかを選ぶことになるが、どれも一長一短がある。

公共交通機関は比較的安価だが、身体への負担が軽いとはいえないし時間の融通もきかない。タクシーは融通がきくものの料金が高い。知り合いに連れて行ってもらえれば、コストはかからないが、気を使うし相手の都合に縛られてしまう。

自家用車があるからといって、それで問題がないともいえない。高齢になれば運転に自信がなくなってくる。家族に運転を止められたり、運転免許を返上して運転できなくなったりするだろう。

また、自家用車を所有し続けるのにはコストがかかる。平均寿命が延びていることや年金があまりあてにならないことを考えると、いつまで自動車を所有し続けられるか。

ところで、みなさんのご家庭における自動車の稼働率はどのくらいだろうか。筆者は運転するのは休日くらいで、その休日も下手をすると忙しく、必ずしも毎週乗るわけではない。何とももったいない使い方だ。

「いや、そんな状況になるのは大都市圏だけで、地方では家族一人が一台ずつ持っていて、みんな通勤や買い物などで毎日使っている」という方もいるかもしれない。

そうだとしても、ある程度まとまったアイドルタイム、つまり稼働していない時間があるのではないか。毎日使っているとしても、朝の出勤で会社に駐車したら夜帰るまではそのまま、また家に帰ったら翌朝までそのまま、という状況ではないだろうか。

つまり、自動車をよく使う地域でも稼働率は案外低く、使えるのに使われていない状態の車が日本全国にたくさんあるのだ。そのうちの一部でもウーバーのような仕組みによって共有されれば、それが高齢者の移動に役立つ可能性が大いにある。

しかし、ウーバーの運転には人間のドライバーが必要だ。そのため、車を使わないアイドルタイムに自動車だけを提供しようとしても、運転手が確保できなければそれは成り立たない。かといって、別に運転手を確保しようとすればコストがかかってしまう。

しかし、そう遠くない将来、車が完全な自動運転車に置き換わったとしたらどうだろうか？　配車サービスからの連絡を受けて、サービスを依頼した人のところまで自動で迎えに行き、しかるべき目的地まで送り届ける。自動運転車なので人を雇う必要はない。

料金設定をタクシーや営利目的の運送サービスと比べて低めにしたとしても、車をただ車庫に眠らせておくだけよりはいいはずだ。移動手段を欲している人に実費＋多少の利益でサービスを提供できれば、双方が満足することになる。

支払いも、現在のウーバーや一部のタクシーの配車アプリのようにクレジットカードから引き落とされ、領収書は電子的に提供されれば手間がない。取引はアプリで電子的に行われるため双方の素性の追跡が可能で、何かトラブルがあっても対処しやすい。

毎年の税金をはじめとした維持費を考えると、特に日本で自動車を所有することには大きなコストがかかる。だからこそ、これから訪れる高齢化時代においては、ウーバーのようなシェアリング・エコノミーの発展には大いに意味がある。

こうした仕組みが実現することには大きな社会福祉的な意義があるわけだが、だからといって公的機関がそれを運営することは難しい。ウーバーのような民間企業と比べて、行政はシステムの更新など諸々が遅い。この分野は進歩が非常に速いため、もし行政が通常のスピードで運営すれば、あっという間に時代遅れになってしまうだろう。

それなら、たとえばシェアリング・エコノミーで高齢者に対するサービスを行っている企業や個人に補助をするほうが有効だ。

時代のニーズとしても、「所有する」のではなく「サービスを利用する」という考え方に移行しつつある。現状はまだまだ移行期かもしれないが、そのような考え方に慣れた世代の年齢が上がってくることで、シェアリング・エコノミーはそれほど抵抗感なく広がっていくはずだ。ウーバーやエアビーアンドビーの世界的な隆盛を見ると、それはかなり確かなことのように思える。

第3章

人工知能がアシストする近未来の日常

人工知能とまではいかなくても「頭のいいコンピュータ」と「その上で動くソフトウエア」の力によって、私たちの暮らしは以前よりかなり便利になった。

いまはまだ、人間がこれまで自力でやっていたことを少しアシストしてくれる程度だが、第1章で取り上げたような人工知能やIoT、ロボットは、これからどう進化し、どのように私たちの生活に入り込むようになるのか。それによって、暮らしはどのように変わるのだろうか。未来の暮らしをシミュレーションしながら考えてみよう。

[ストーリー1] 家庭におけるあらゆる面をサポート

ある晴れた日曜日の朝、大介はアンクレット（足輪）型のウエアラブルセンサーのかすかな振動で目を覚ました。センサーは細いワイヤ型で、足首につけていることすら忘れてしまうほど目立たないものだ。

大介は還暦を過ぎているが、インディペンデント・コントラクター（個人事業主）として現役で働いている。見かけは同年代に比べてだいぶ若く、後輩より若く見られることとさえあるものの、運動不足のせいか、健康診断のたびに体のあちこちにガタがきているのを感じる。接待が続いたときなどは疲労感に襲われがちだ。

そんなとき、大介のハウスコンピュータ「ヒロシ」は、いつもより少し長く寝かせてくれる。大介の睡眠サイクルから判断して、適当だと思うタイミングでアンクレットを振動させるのだ。その振動は、まだ隣で寝息をたてている妻を無用に起こしたりはしない。

気持ちよく目覚めた大介はすぐトイレに向かった。先月のリフォームで、用を足すとさまざまな数値がわかる新型の便器を導入したばかりだ。検査項目は年1回の健康診断や人間ドックの検尿、検便などと同様だが、お酒を飲むことの多い大介には有益な装置だ。

日々の数値はすべて自動的にモニターされ、ヒロシがそれを記憶する。データは必要に応じて行きつけのクリニックにも提供されるため、健康診断のときに検尿をする必要はない。今朝は用を足してもヒロシは何もいってこないので、特に問題はなさそうだ。

初夏の日差しが入るリビングルームは、朝の8時でももう暑い。しかし大介が入ると、実に心地のいい室温になっている。大介が起きるタイミングをヒロシが把握しているので、その時間にちょうど快適な温度になるよう、空調を自動で調整しているのだ。

冷え性の妻が起きてくると、そこはヒロシが二人の好みの室温のバランスをとったり、同じ部屋のなかでも場所によって温度を変えたり、場合によってはヒロシが会話の間に入って調整したりする。

ヒロシがカーテンを開けてくれたので、気持ちのいい朝日が入ってきた。夏らしい高い位置から日差しが床に突き刺さる。フローリングに当たって反射し、家中が光にあふれるようだ。すると、大介が眩しいと感じたのを察したかのように、窓の色が透明から少しグレーに変わった。

「おはようございます、大介さん」

どこからともなく、ヒロシが大介に話しかけた。

「ヒロシ、おはよう。さっそくだけど、今日の天気を教えてくれる?」

「午前中は晴れていますが、午後から天気は下り坂になります。一日中、蒸し暑さが続きます。大介さんがお出かけされる午後2時くらいは、にわか雨が降る確率が80%以上です。お出かけ先で徒歩の区間があるので、傘の持参をおすすめします」

ヒロシは、その日の大介の予定を把握したうえで、必要な天気の情報を与えてくれる。

実は、新しい物好きの大介は、2014年ごろからアマゾン・エコーを並行輸入で入手したり、2015年ごろから流行りだしたコミュニケーションロボットを家に導入したりしていて、このような会話はずいぶん前から日常になっていた。

ただ、当時とは違って、リビングルームでしかできなかった会話がいまは家のどこにいてもできるし、さまざまなウエアラブル端末と連携するようにもなった。大介がどこにいてもヒロシが常にそばにいる。姿は見えないが、あまねくヒロシが存在しているのだ。

もっとも、姿が見えないことに不安を抱く人もいる。そういう人が大介の家を訪ねてきたときには、かわいい見た目のコミュニケーションロボットがヒロシとして会話の相手をすることになる。なお、ヒロシという名前は呼びかけるときのキーワードでもあるので、ヒロシという名前の来客があったときには、一時的に別の名前を割り当てる。

「いつもの人参りんごジュースと、ゆで卵のご用意がありますが、お持ちしますか?」

「ありがとう。頼む」

大介がそう答えると、すぐにコミュニケーションロボットがトレイにジュースと卵をのせてやってきた。このロボットにはあえて名前をつけていない。いわばヒロシの仮の姿のようなものだからだ。
「コーヒーもお持ちしましょうか?」
「いや、いいよ。自分で入れる」
大介はキッチンに立って、コーヒーを入れはじめた。

大介のような新しい物好きの家庭では、たいていロボットによってオートメーション化されたキッチンを備えている。そこでは食料品の調達から基本的な調理までを、ロボットが自動的にやってくれる。昔の主婦が頭を悩ませていたような日々の献立についても、大介の家ではヒロシが代わりに考えることが多い。大介夫婦の好みや健康状態を考慮したうえで、栄養に偏りのないメニューをいくつか提案してくれるのだ。

ヒロシはできることのほとんどを任されているが、丸投げではない。料理にはうるさい妻の亜紀が注文をつけることがある。その内容はヒロシの学習のネタとして、逐一記憶される。流行りの料理やニュースで話題の料理、夫婦の会話などもヒロシが献立を考えるヒントになる。

来客時のイレギュラーな対応もお手のものだ。社会人になってそれぞれ一人暮らしをしている長男と長女が帰ってくるときも、彼らに合ったメニューを考えてくれる。2015年ごろ、IBMのWatsonが新しい、人間では考えつかない献立を考えたことがニュースになっていたが、そのようなことはもはや日常だ。

料理の自動化が進んだことで、このごろはむしろ趣味で料理をする人も増えてきている。最近、大介がハマっているのがコーヒーだ。世界各地からコーヒー豆を取り寄せ、生豆から焙煎して楽しんでいる。あるとき昔ながらの純喫茶に入って、たまたまその美味しさに気がついたのがはじまりだった。

もちろん、欲しい豆の調達はヒロシが店の検索から手配まですべてやってくれる。最近では、大介の好みや興味を拾い上げて、新しい豆の提案もしてくれる。

亜紀にとって特にありがたいのは、面倒な後片づけもヒロシとロボットがすべてやってくれることだ。コーヒーにせよ料理にせよ、大介と亜紀はつくることに集中すればいい。やるべきことが大幅に減ったうえ、AIに料理を委ねることで日々の健康管理がいつの間にかできている。「いい時代になったものだ」と、大介はコーヒーを飲みながらしみじみ思っていた。

日々の活動量を記録するのが健康維持のカギ

　２０ＸＸ年のある日曜日、夫婦2人住まいの家庭のワンシーンを描いたストーリーだが、いかがだっただろうか。それほど荒唐無稽な話ではないどころか、どこか今の生活の延長線上で考えられるのではないだろうか。

　年齢にかかわらず、健康を維持するには自分の体の状態を定期的にモニターしてその結果を分析し、適切な対処をすることが不可欠だ。結果に異常がなく、すでに適切な行動をしているのであればそれをそのまま続け、結果や現状の生活習慣に問題があるのであれば改善していく必要がある。

　若いうちは無理がききやすく、少々の短期的なダメージであれば簡単に回復することが多い。しかし年齢を重ねると回復に時間がかかるし、完全には回復しにくくなる。つまり、高齢であればあるほど、自分の体の状況をモニターしておくことが重要になるのだ。

　そこでカギになるのがセンサーでありＩｏＴだ。第1章で述べた通り、ＡＩが適切な判断をするためには学習が必要であり、判断の精度を高めるには大量の情報が求められる。現代のＡＩが急速に発展した原因の一端として、データの大量収集が容易になったことが挙げられるが、センサーはその収集における尖兵であり、IoTはそこからの情報をつなげる神経だといえる。

さまざまな種類のセンサーがあるうち、健康状態のモニターに必要なのは心拍数や睡眠の状況を分析するものだ。俗にいうウエアラブルの活動量計がそれにあたり、たくさんの商品が出回っている。Apple Watchも活動量計の機能を持っている。

ちなみに、筆者はApple Watchとともに「UP by Jawbone」というウエアラブル活動量計を使っているが、どちらもiPhoneのアプリと連携している。2つつけているのは、ひとつだけではとれない情報もあるからだ。Apple Watchは夜充電する必要があるので、睡眠時の情報を取得することができない。

自分の腕に2つも活動量計をつけているのはやや滑稽ではあるが、ひとつは時計、もうひとつはちょっとしたブレスレットにも見えるので、思ったほど不自然ではない。

活動量計以外にもいろいろな機能を持つApple Watchは別として、ウエアラブルの活動量計はおおむね数千円から2万円台で購入できるものが多い。スマホやガラケーと比較すれば、特別高いということはないはずだ。購入が難しい場合でも、高齢者世帯で健康維持に必要なものであれば、保険でまかなえる可能性も出てくるかもしれない。

ウエアラブル端末の課題と可能性

こうした機器を装着していれば、常にデータをとり続けることができるわけだが、現在のウエアラブル活動量計にはいくつか改善すべき点がある。

ひとつはバッテリーの問題だ。Apple Watchのように毎日充電が必要なものは、どうしてもデータが欠落する時間帯が出てきてしまう。活動量計に特化した端末は一週間程度持つものもあるが、いずれにしてもできる限り頻繁に充電が必要ないものにするか、最近普及し始めてきたワイヤレス充電のものにすることが望ましい。

また、人間の動きによってエネルギーをつくり出そうとする取り組みもなされており、シンガポール大学のChengkuo Lee教授らが、切手大のシールのようなものを皮膚に貼り付けて発電させるという実験を行っている。スマホに必要な電力をつくるのは難しいとしても、ウエアラブル端末程度であれば実用化できる可能性はあるだろう。

もうひとつ改善の余地があるのは、ウエアラブルを装着する場所だ。既存のものはブレスレット型がほとんどだが、最近では腕時計すらしない人が増えている。筆者のように腕時計を常用していても、寝るときにもブレスレットをしているというのはどうも気分がよくないものだ。

そこで誰でも、できる限り意識せずに装着し続けられるということを考えて、前出のシミュレーションではあえてアンクレット型とした。

非営利団体「TED」が毎年、大規模な世界的講演会を主催しているが、そのプレゼンテーション・スピーカーとしてNHKでも紹介されたケネス・シノヅカという高校生は、アルツハイマー病の祖父を守ろうと、徘徊を介護者に知らせる靴下型センサーを開発した。のちに彼はその製品の介護施設への展開をはかっており、靴下型だと脱いでしまう（あるいは脱げてしまう）といった理由で、必ずしも常時モニターできないという介護士の指摘を受け、靴下型ではないものも開発している。

こうしたウエアラブルタイプのセンサーが広く普及するには、できるだけ自然に装着し続けられることが重要なポイントだ。それに加えて、誰もが受け入れやすい見た目（デザイン）であることも必須だろう。アプリやデータがクラウドベースになれば、そもそも一つの種類の端末にとらわれることもないはずだ。服を着替えるようにTPOに応じた端末を使えばよい、という方向に進化するかもしれない。

取得した情報を共有する仕組みが必要

ウエアラブル活動量計は優れたデバイスではあるが、健康状態のモニタリングに必要な情報収集はそれだけで完結するわけではない。前出のストーリーに登場したトイレを思い出してほしい。

現状であのようなスマートトイレは普及していないが、いままで存在しなかったわけではない。2005年に大和ハウスとTOTOが、在宅健康チェックシステム「インテリジェンストイレ」というものを開発している。さらに2008年に、後継機の「インテリジェンストイレII」を発表しているが、これは用を足すと尿糖値、血圧、体重、尿温度（深部体温）、BMI値などを測定できるという優れものだ。

また、IoTベンチャーのサイマックス社が近年、トイレ後付け型の安価な排泄物分析装置を開発して資金調達を果たしている。これを設置すれば、いつもどおりにトイレを使用するだけで、アプリを使って自分の健康状態を確認することが可能だ。クラウド上で解析を行うため、検査方法も逐一アップデートできるという。

いずれも画期的な製品といえるが、現在のところ、装置やアプリはその会社が開発したシステムの中でしか情報をいかすことができないことが多い。しかし、情報のやりとりをオープンにして、あるアプリで得た情報を別の会社のアプリで活用したり、複数のアプリからの情報をまとめて総合的に分析したりできるようになれば、特に健康管理や医療にとって有用だろう。

総合的な健康管理には、食事の内容も調査対象に加えたいところだ。現時点では、スマホなどのアプリを使って食事の記録をとることはできるが、そのためには写真を撮ってカロリーや脂質、糖質などを自分で入力する必要がある。

しかし将来的には、アプリで写真を撮るだけで、クラウドシステムの背後にあるＡＩが画像から内容を推測して、摂取カロリー計算をしてくれるようになるかもしれない。そのような情報を医療分野のＡＩが総合的に解析したり、必要に応じて医師と共有したりできれば、健康管理や治療がより効率的に進められるだろう。

高機能化されたウエアラブル端末は、ただ単に情報を送ることだけではなく、「そこに自分がいる」という信号発信に使うこともできる。現在、オフィスはセキュリティーガードとしてＩＤカードをかざして部屋に入るのが主流だが、首からＩＤカードをぶら下げる代わりに、アンクレットなどで認識させてみるのはどうだろうか。

アンクレット型ウエアラブル端末は、複数のＩＤ情報を入れるための機器としても有効だ。たとえば、家のカギを閉める、自動運転車のロックを解除する、病院で受付をする、さまざまな検査の際に本人照合を行う、薬局で処方箋を出して支払いをするという一連の流れにおいて、複数のＩＤが必要になってしまう（アメリカのソーシャルセキュリティナンバーのように、マイナンバーがあらゆるところに流用されれば別だが）。

こうしたやり取りを相手が自動的に判別して行ってくれれば、人間の手間は大幅に減ることが考えられる。

音声による入力が主流になる

ＡＩが一般家庭をサポートする未来を考えたとき、センサーとともに重要なのが、第１章でも取りあげた音声認識のテクノロジーだ。コンピュータとのやりとりを音声で行うのは、いまはまだそれほどポピュラーではない。しかし、２０１６年のＷＷＤＣでアップルがMacOSにSiriを導入すると発表をしており、またウィンドウズ10には音声認識機能のCortanaが導入されている。

スマホではiPhoneのSiriはかなり認知されているし、アンドロイドでもSiriと同様の音声操作が可能なことはすでに説明したとおりだ。音声認識のレベルはかなり上がってきており、十分実用的なレベルに達しつつある。

音声による入力方法が有効だと広く認識されれば、遠くないうちに音声操作がスタンダードになる可能性はある。ＩＴのリテラシーが高くない人にとっても、しゃべることであれば、キーボードやタッチスクリーンの操作より容易なはずだ。

一般的に、年をとればとるほど新しいテクノロジーに慣れるのが難しくなる傾向があるが、若いからといって新しいテクノロジーに強いとも限らない。また、今のコンピュータのＵＩ（ユーザーインターフェイス）は、基本的に目の見える人たちに最適化されていることは否定できないだろう。視覚障害のある人にはアシスト機能があるとはいえ、やはり不便さは否めないだろう。しかし、口頭で操作することができれば健常者との差はなくなり、バリアフリーになる。

それに、いつまでもキーボード入力が主流とは限らない。すでに２０１６年現在、スマホ世代が新入社員になり、キーボードが使えないことが話題になりつつある。入力方法自体が時代とともに変化するのだ。

もちろん、聴覚障害や発話障害がある場合は従来どおりパソコンやタブレットのＵＩを使うなど、状況に応じた入力方法の多様化が進むことが考えられる。

音声操作のメリットはもうひとつある。それは、本来の意味でのユビキタスを実現できる可能性のあるＵＩだということだ。

あらゆるものがネットにつながるようになってきたとはいえ、人間がネットを介して何かをするには、パソコンやタブレット、スマホを操作する必要がある。いくらスマホを持ち歩くのが当たり前になってきてはいても、スマホ依存症でもない限り、厳密には四六時中スマホを身につけたままという人は少ないだろう。

しかし手を使わず、ただ部屋の中で一言しゃべるだけで機械とのあらゆるやりとりができるとしたら——。操作がラクになるばかりか、まさにユビキタスな環境が実現する。各部屋にブルートゥースのマイクとスピーカーを設置してそれらをつなげば、アマゾン・エコーのようなものを家の各部屋に設置する必要もない。大介がヒロシと言葉によって各部屋でやりとりしていたような光景は、ただの絵空ごとではないのだ。

【ストーリー2】自動運転車で外出も気軽に

仮想ストーリーに戻って、未来の暮らしの続きを見ていこう。

大介はコーヒーを飲んで少しゆっくりした後、出かける準備を始めることにした。


日曜日とはいえ、いつまでも優雅な時間をすごしているわけにはいかない。今日は、かかりつけの病院に検査結果を聞きに行く日だ。

その病院は日曜も診療を受けられるので重宝している。長年通っているので院長とは旧知の仲だ。ざっくばらんな話もできる。AIの健康アドバイスは日々活用しているが、生身の医師と対面して納得いくまで話をするプロセスも大介は大事にしている。

ヒロシが「あと1時間で出発予定時刻なので、そろそろお出かけの準備を」と控えめに教えてくれた。都心のクリニックまで、今日は車で出かける予定だが、実は大介は車を所有していない。平日はほとんど車を必要としていないからだ。

最近では自動車を所有する人は少なくなったものの、車の利用者は減っていない。シェアリングエコノミーが自動車にも波及し、多くの人は必要なときだけ使用する。

大介の家は東京の府中市、いわゆる郊外にある。電車の駅は比較的近く、バスも何路線か走っているため車がなくても不自由はしない。今日はクリニックに行ったあと、久しぶりに妻と都心のフレンチレストランでディナーの予定がある。余裕をもってすごしたいので、自動車で行くことにした。

予定は事前にすべてヒロシに伝えていたため、必要な段取りはヒロシが整えてある。時間になれば手配した自動車がやってくるので、大介夫婦はそれに乗るだけでいい。

そのとき、ヒロシが車はあと3分程度で到着すると知らせてくれた。車はフルオート車で、GPSはもちろんセンサーも搭載されている。常に広域の交通管理ネットワークと通信しており、車がどこにいてどれくらいの時間で到着するのかが正確にわかる。どこかに中央制御装置があるわけではなく、ネットワークにつながる個々のシステムが互いに情報を交換しながら交通の状況を把握し、それをベースにAIが最適なルートとスピードで目的地にたどり着くよう導いてくれる。

もちろん、必要に応じて人間も手元のウエアラブル端末等のモニターで状況を確認し、別の指示を出すことも可能だ。

「ヒロシ、あとは頼むよ」

「ご心配なく。帰宅されるまでには、家の手入れもしておきます」

このやりとりだけで、大介はすぐに出かけられる。火元の確認や戸締まりをする必要もない。ヒロシがすべてやってくれる。

玄関の扉を閉めて、大介と亜紀が扉から少し離れるとドアのロックがかかったが、これはただの自動ロックではない。二人のアンクレットがともに、ドアから一定の距離以上離れたことを感知してロックがかかったのだ。

自宅のガレージスペースに止まっている車に二人が接近すると、自動車はアンクレットの信号と車外カメラでとらえた二人の映像を照合し、適切な人物であることを確認して自動的に扉が開いた。もちろん、このとき開いた扉が体にぶつかることはない。車はアンクレットを通じて位置関係をしっかり把握している。

亜紀は助手席、大介は運転席につくが、便宜的にそうしているだけで、そこにそれ以上の意味はない。何しろ、この車にはハンドルがないのだ。

人間が操作するために必要だったハンドルやアクセル、ギアといった昔の自動車が備えていたものは、いま販売されている車では基本的に簡素化されている。緊急時に安全な場所に止まるために必要なハンドルやブレーキなどもあることにはあるが、普段は使用できない。簡単に人間が操作できないようになっているのだ。

実際には、緊急事態に陥ることはほとんどない。というのも、車は動きながら、常に自分自身を構成する各コンポーネントの状況を、センサーでモニターしながら走っているからだ。コンポーネントの様子がちょっとおかしいとか、ブレーキの利きが悪いとか、タイヤのスレッドが減ってきているなどの状況が確認されれば、自動運転車のほうで自分から修理工場に向かう。

自動運転車の時代になり、多くのコンポーネントにセンサーが搭載されるようになってからは、普段見えない部分も日常的にメンテされるのが当たり前になった。そのため、車の故障によるトラブルはほとんどない。さらに、人間が運転しなくなったことから、人間の不注意による事故もなくなり、交通違反という言葉はほぼ死語になった。

車は二人が席についたのを確認すると、自動的に扉を閉めた。それと同時に電源が入って、ダッシュボードの機器が明るく浮かび上がる。

「じゃあ、よろしく」と大介が一言告げると、静かな電気モーターの音とともに車が発進した。住宅街の路地を抜けて幹線道路に入ると、大介は車に備え付けられているクーラーボックスからノンアルコール・ビールを取り出した。

ヒロシがいつもの大介の好みや今日の気分を考え、気を利かせてカーシェア管理のコンピュータに連絡をしておいたのだ。大介がこのとき普通のビールを選ばなかったのは、車内でアルコールを飲むのが禁止されているからではない。これから医者に会いにいくので気がとがめただけだ。

完全なフルオート車の場合、人間が運転しない、というよりはできないので、飲酒が許可されている。自動車自身が常に自分の位置を把握し、周囲を走る自動車をはじめとする環境も把握しているため、天変地異でも起きない限り、もはや日常の交通においては「サプライズ」というものが存在しないのだ。だから運転席でアルコールを飲んでもいいし、居眠りをしてもいい。本を読んだり、仕事をしたりすることもできる。

車は都心の目的地まで、きわめて順調に走り続けた。中央高速から首都高速を経由して都心へ向かうルートは、かつて大介が自分で運転をしていた時代から変わっていない。しかし、車が自動運転になって渋滞や事故はほとんどなくなった。

一般道には歩行者がいるし、何もかもがＡＩの管轄下にあるわけではないので、まだ道路に信号は存在している。しかし都市自体がすべての自動車の位置や台数、スピードを把握しているため、交通をマクロな視点で調整することができるのだ。

住宅街で子どもが飛び出してくるようなことはあるものの、自動運転車は、一部の不注意な人間のように、狭い路地でスピードを出すようなことはしない。また、人間の急な飛び出しを避けられないこともまずない。

ネットワークコンピュータ上にある人工知能が、住宅地での飛び出しの傾向などを把握したうえで自動運転車を動かしているからだ。さらに視野が前方に集中しがちな人間と違い、自動運転車には全方位３６０度を感知する車載カメラがあるので周囲のちょっとした変化も見逃さない。必要に応じて減速し、子どもの飛び出しや高齢者の無理な横断を予測し、事故を予防する。

人間の場合、自分の視界に入るものや音でしか周囲の状況を判断することができない。しかしＡＩによる自動運転車は、車自体が備えているセンサーはもちろん、周囲の車や人のアンクレットの信号など、もっと幅広い範囲での情報にもとづいた判断ができる。結果的に、人が運転するよりはるかに安全になっているのだ。自動車同士の事故も、自動車と人間の接触事故も、滅多なことでは起こらない。

大介が仕事のことを忘れて、気分よく飲み物を片手に妻と話をしていると、

「そろそろクリニックに到着です。入口近くに車をつけます」

というアナウンスが流れた。あまりにも車が順調に流れていたので、大介は時間が経つのをすっかり忘れてしまっていた。

カーシェアが自動運転普及の突破口になる

センサーやIoTがAIにつながることは、自動運転、ひいては高齢化社会の移動手段を高度に発達しえることはイメージしていただけたであろうか。

［ストーリー1］では、ウエアラブルのセンサーは主として体の情報を集め、しかるべきアプリに発信したり、その健康のフィードバックをもらうために活用されていた。

しかし、ウエアラブルの役割がそれにとどまる理由はない。今日のスマホは、電話であるとともに、ネットにつながるためのインターフェイスでもある。ときに音楽プレーヤーであったり、パソコンやドアを解錠するための鍵であったりもする。あるいはチケットや財布代わりにもなるなど、実に多様な役割をはたしている。当然のことながら、それらの役割を今後ウエアラブルが担うと考えるほうが自然であろう。

すべてをウエアラブル端末に入れて常時身につけておけばなくす危険性も低くなり、出したりしまったりする必要もないので合理的だ。

カーシェアで使用する自動車のロック解除や、自動運転のためのキーにも同様のことがいえる。これ自体はさして目新しいことではなく、現在でも「タイムズカープラス」で車を借りるとき、車のドアの解錠は会員カードをかざして行う。未来においては、それがウエアラブル端末とブルートゥースなどの通信に変わるというイメージだ。

近年、若者の自動車離れが懸念されているが、必ずしも車のニーズがないわけではない。50歳以上を対象に予約サービスを行っている「ゆこゆこ」がさまざまなアンケートを実施しており、同社のウェブサイトで発表された調査結果によると、国内旅行の交通手段のうち最も多いのは自家用車だ。全体の46・1%でほぼ半数を占めている。新幹線や特急列車などの公共交通機関の割合は20％前後。多少の変動はあるものの、最近5年でこの割合はほとんど変わっていない。

つまり、多くのシニア層にとって、自家用車は最もメジャーな交通手段といえるのだ。また、同社が2016年1月に発表した資料によれば、全体の97％が自動車運転免許を所有しており、70歳代でも94％が所有しているという結果が出ている。

さらに運転状況に関する結果を見てみると、全体の63・1％がほぼ毎日、28・9％が週に1回から2回と回答しており、合わせて92％が週に1回以上の頻度で車を運転していることがわかる。この割合は50代、60代、70代でもほとんど変わらない。

日常的に運転している人の利用シーンは、全体だと85・3％が「買い物などの日常的な外出」、83・7％が「旅行やドライブなどのレジャー」だ。70代では「買い物などの日常的な外出」が90・3％、「旅行やドライブなどのレジャー」が88・6％と割合が高くなる。

これらの人たちの「自動車はどんな存在か」という質問に対する答えは、83・3％が「移動手段としての道具」、75・0％が「行動範囲を広げてくれるもの」で、42・5％の「運転を楽しむもの」を大きく超えている。

こうした回答から、自動車は単に日常の手段であるというばかりでなく、「高齢者がいつまでもアクティブに活動するための大事な道具」だということができるだろう。

日本自動車工業会が毎年公開する「自動車需要台数推移」によると、2006年から2015年までの10年の間、おおむね500万台をキープしている。若者のクルマ離れがある一方、女性とシニア層の免許の保有率が増えていることがこの結果につながっているようだ。

若者が車を持たなくなったのは、単に自動車に対する興味の低下だけが理由ではなく、経済的な事情によるところも大きいだろう。全体としては、コストパフォーマンスよく移動できればそれでいい、という人が増えているのではないだろうか。

第2章でも触れたが、そうした現実に対して、カーシェアリングやライドシェアリングなどのサービスはニーズにマッチしたものだといえそうだ。

2010年代に入ってから、シェアリングエコノミーを活用したサービスは急速に発展している。日本での普及率はカーシェア先進国のスイスには及ばないものの、2009年のほぼゼロから2015年には車両台数1・6万台、利用者70万人のレベルにまで高まっている。ドイツやアメリカの普及率より高い。15分単位という短い区切りで気軽に利用できるのが魅力のひとつだろう。特に日常の足として使うのに重宝する。

こうしたサービスを展開する企業にとっては、いまのところ、都市部の人口の多い地域でないと採算が合いにくく、立地に左右されやすいといった問題があるが、この先、自動運転車が当たり前のものとなればカーシェアにメリット感じる人が増え、結果としてストーリーのような仕組みが普及してくるのではないだろうか。

そうした動きは、自動運転車が普及することで後押しされるはずだ。

交通事故の9割は人為的なミス

「ゆこゆこ」の調査によると、現在「何らかの運転支援システムが搭載されている自動車に乗っている人」は全体の10％程度だが、「興味はある」という人は全体の73％を超え、70代では76％と数値が上がる。これは、高齢でも運転は続けたいものの事故が気になる、という思いが反映された結果ではないだろうか。

また、「運転できなくても生活に支障がないのであれば、免許を返納する」と回答した人は全体の10％にとどまっており、高齢者にとって自動車は、人に頼らず自分で移動できるという〝自立のシンボル〟だといえるのかもしれない。

しかしながら、過去に比べて70歳以上の運転者の割合が増えており、高齢者による自動車事故がニュースになることも少なくない。元気な高齢者が増えて運転を続ける人も増えている半面、肉体の衰えにはさからえず、若いころのようなスピードで判断したり対応したりできないため事故を起こしてしまうと考えられる。

交通事故の9割は、ドライバーの判断ミスなど人為的なものが原因と報告されている。極論をいえば、人間が運転するのをやめて機械が運転するようになれば、事故の9割はなくなるということだ。

最近は、衝突被害を軽減するブレーキシステムを搭載した自動車が増えてきているが、「アイサイト」という運転支援システムを展開する富士重工業の資料によれば、アイサイト搭載車の非搭載車に対する事故率は、追突事故が8割減、対歩行者で5割減、調査対象全体で6割減となっている。ごく限定的な機能だけでも、自動車事故の発生を大きく削減することに貢献しているわけだ。

ちなみに2016年8月16日、米フォードは運転者不要の完全自動運転車を2021年にウーバーに提供すると発表した。同社のナイール最高技術責任者は、一般消費者に対して同様の完全自動運転車を提供することは少なくとも2025年まではないだろうと明言しているが、言い換えれば、完全自動運転車が登場する時期が明確になったともいえる。これは大きなインパクトのあることだ。

仮想ストーリーにあったような、事故の心配もなく、車内でゆったり好きなことをしているうちに目的地に到着するようなシチュエーションが、そのうち当たり前になるかもしれない。こんな快適な車があるなら、いくつになってもあちこちに出かけてアクティブにすごしたいと思う人は多いのではないだろうか。高齢者の自立を支援するという意味でも、自動運転車の普及は大きな意義を持つはずだ。

第4章

超高齢化日本を人工知能が救う

介護に若年層という貴重なリソースを使うべきか

現在の日本では、基本的に家族による介護が期待されているが、介護をする側はいわゆる労働世代であると同時に子育て世代でもある。親はまだ元気で、介護など他人ごとだと思っていたのに、急にその負担が降りかかってくるかもしれない。仕事や育児で手いっぱいなのに、どうしたらいいのか――。そんな人がどんどん増えているのが実情だ。

実は、筆者の母親は最近になって以前のようには動けなくなってきていて、要介護認定を受けてヘルパーに支援してもらいながら生活している。幸い筆者は近くに住んでおり、何かあれば妻にも手伝ってもらえるので普段は特に問題はないが、決して安心はできない。深夜に突然、母親の体調が悪くなり、救急で病院に連れていくこともあるからだ。入院したらしたで、毎日のように病院を訪れることになる。

筆者は自分で事業をしているため、時間の調整は比較的しやすいが、それでも仕事と介護の折り合いをつけるのは簡単ではない。また筆者に限らず、結婚していれば配偶者の親をケアする必要もある。

「介護離職」の言葉が象徴するように、フルタイムで介護をするために仕事を離れる人も少なくない。だが、一度職場を離れると復帰することは非常に難しいという。これから労働人口が減少していく日本社会にとって、これは大きな損失だ。

職場の給与や待遇の改善に加えて、保育所不足など生活環境を整えるための問題も解消されなければならない。「保育園落ちた日本死ね!!!」というブログの記事が話題になったが、それは子育てだけでなく高齢者介護にもつながる話なのだ。

この先、高齢者をケアする社会的な仕組みが整い、家族が面倒を見なくてはならない状況が改善されたとしても、依然として問題は残されている。介護人員の不足だ。

厚生労働省が発表した「2025年に向けた介護人材にかかる需給推計(確定値)について」によれば、介護業界では37・7万人もの人手が不足するという。待遇改善などによって介護人員の確保を図る動きはあるものの、決定的な対策とはいいがたい。

人員が足りなければ要介護者が必要なケアを受けられないばかりか、介護者による虐待事件が頻発するといった傷ましい事態にも陥りかねない。

日本はこれから急速に高齢者の割合が増え、若年層の人口が減っていく。労働力が不足するのは当然だ。日本創生会議の人口減少問題検討分科会は、2040年代には総人口が1億728万人、生産年齢人口が5787万人と、いまと比べてそれぞれ2000万人程度減少するとの予測を発表している（国立社会保障・人口問題研究所・2013年）。

新たな産業を生み出すための若い人材が減り、さらにその少ないエネルギーを高齢者支援に割く必要がある。人口が減ることで経済活動における需要も減少する。日本社会がスローダウンするのはもはや不可避のことであり、ひいては国力の低下につながると大いに懸念されている。

医療技術の発達で元気に働き続けられる高齢者が増える可能性はあるものの、介護のニーズが増えるのは間違いのないことだ。平均寿命が延びた現代では、ほとんどの人が老人になり、老人の子になる。もはや誰も逃げられない状況だ。

「人手不足といっても、働けるのに働かない人たちがたくさんいるじゃないか」と思われる方がいるかもしれない。たしかに、総務省統計局の労働力調査によれば、ニートと呼ばれる15歳から39歳の無業者は、平成21年の段階で84万人にも上る。

もちろんニート対策は進められており、少しでも介護業務に携わる人が増えることを期待できなくはないだろう。しかし、介護は誰にでも務まる仕事ではなく、本人の志向や適性なども考慮しなくてはならない。

リーマン・ショックの際に製造業から離れた人たちが介護業界に入った例はあるが、適性がない人の場合、本人にとっても周囲にとってもつらい結果となる。本当はモノづくりの業界で働きたいという人であれば、景気が戻ればいずれ離れていってしまう。

外国人の受け入れによって労働者不足を解決できる可能性もあるが、いまのところ想定どおりには進んでいない。また、海外から移民を大量に受け入れるというのも、現在の日本ではあまり現実的ではないだろう。

そもそも、難民認定が非常に厳しいことに加えて、文化も考え方も異質な人たちが大挙してやってくることに諸手を挙げて賛成するというのは、日本人にとって簡単なことではない。さらに、ヨーロッパで起きている移民との摩擦などのニュースに触れ、やはり移民の受け入れは難しいと考える人も多いのではないだろうか。

高齢者こそ人工知能を活用すべき

いちばんの解決策は、若い世代の働き手が増えることだろう。ただ、そのために何らかの施策が実行に移されたとしても、効果が出るのはおそらく何十年も先のことだし、少子化対策だけで労働力不足を解決することはできない。

だからといって、このまま何も有為な手を打てなければ状況は悪化するばかりだ。自分たちの親の高齢化にともなって、いったい親の介護をどうしたらいいのかと悩んでいる人は多い。現在すでにそうなのだから、いまの現役世代が高齢者と呼ばれるころにはどうなっているのかと考えると、実に恐ろしくなる。

そこに一筋の光明が見えるとしたら、それは人工知能（ＡＩ）なのではないかと、筆者は思うのである。

高齢化社会でのＡＩやロボットの活用というと、どうしても介護とか生活支援、病気になったときの治療といった、「マイナスをゼロのところまで引き上げる」という面に目がいきがちだ。それはそれで非常に重要なことだが、周囲の人の支援がなくても自立した状態になれれば、それは周囲や社会にとってプラスであるばかりでなく、高齢者自身にとってもちろんいいことだ。

さらにもう一歩進んで、高齢者自身が元気に活躍し続けられるようなＡＩの活用の仕方を考えるべきである。

年金の支給年齢が引き上げられ、給付金額には期待ができなくなった。２０３０年〜２０４０年ごろに、高齢者が楽隠居を選択して贅沢に暮らすのはなかなか難しいだろう。

それどころか、子供世代の経済的な面倒を見ていく必要に迫られるかもしれない。なかには、生涯現役で働き続けたいから隠居するつもりはない、いくつになってもアクティブであり続けたいという方もいるだろう。人工知能が高齢化社会を救うとは、そういう意味でなければならないと筆者は考えるのだ。

高齢者が自立して元気に働き続けられることは、若い人たちが新たなものを生み出す、生産活動に多くの時間を費やすことにつながる。そこでこの章では、人工知能の活用を、主に高齢化社会の問題を解決するための、さらには人々がいつまでも生きいきと暮らし続けるための、有効な処方箋としてさらに論じていきたい。

[ストーリー3] 家のＡＩ化・ＩoＴ化で密になるコミュニケーション

前章では、年齢を重ねてはいても、まだ普通に生活できる人の姿を通して、ＡＩや自動運転車のある暮らしを描いた。

ここではもう一歩進んで、高齢者介護にフォーカスし、体が動かなくなってきた人たちがそのようなテクノロジーを活用する可能性について考えてみたい。

大学入学とともに上京して以来、大介は40年以上東京に住んでいる。今年86歳になる母親の佳子は、10年前に父親が他界してからずっと故郷でひとり暮らしだ。

その際、大介と亜紀は東京で一緒に暮らすことを母親に提案したのだが、「この年で慣れ親しんだ土地を離れたくないし、気を使いたくない」という理由で断られてしまった。

そんな母親のことが心配ではあるものの、大介は故郷で暮らす気にはならなかった。帰省するのは年に数回あるかどうかという状況が何十年も続いて、もはや地域とのつながりはなくなっており、故郷でやっていく自信がないのだ。

このような話は、あちこちでよく聞かれる。

しかし、年齢の割に元気だった佳子も、6年前に農作業で腰を痛めてから入退院を繰り返すようになり、介護を受けないと暮らせなくなってしまった。

2010年代から介護のための施設や人員の不足が社会問題化し、2015年ごろには介護離職者が年間10万人にも及んだ。大介は個人事業主で自分の裁量で比較的時間をやりくりできるため、ここのところ頻繁に実家を訪れている。

ひとりっ子ということもあり、介護の負担は大介に重くのしかかっていたが、その状況は最近かなり改善されてきた。人工知能やロボット、その他さまざまなIOTデバイスが、ほぼすべての家庭に実装されるようになったからだ。おかげで、介護の人材不足の解消はもとより、これまでよりずっと効率的かつ細かいケアがなされるようになった。

「ヒロシ、母さんに電話をかけたい」

大介がそういうと、即座に「承知しました」とヒロシが対応した。

呼び出し音が鳴りはじめたところで、大介は目立たない小さなヘッドセットを耳に装着して、相手の声が聞こえないように切り替えた。時代が変わっても、電話をスピーカーフォンで、大声で話すのは少々はばかられるときもある。

数回のコールですぐに応答があった。以前はなかなかつながらないことも多く、やきもきしたものだ。ゆっくりとしか動けない佳子は、手元に受話器がないと、電話に出るまでにかなり時間がかかったのだ。

しかし2年前、いまの大介の家と同じように、家全体を管理するAIのシステムを実家にも導入してから、母親とのコミュニケーションはずいぶんスムーズになった。

佳子の家のシステムは大介の家のそれと基本的に変わらない。当然、佳子もアンクレットをつけており、日常的に脈拍などの生命に関する情報がコンピュータに蓄積されるようになっている。

大介が電話をかけたとき、実家のほうではハウスAIの「トシエ」が佳子に入電を知らせていた。

「大介さんからお電話です。どうされますか?」

「出るわ」

出てみるとテレビ電話だった。声は、部屋に置いてあるコミュニケーションロボット「ゴン太」のスピーカーから聞こえてくる。それと同時に、ゴン太は大介の映像をプロジェクトで投影した。

「母さん、具合はどう?」

佳子は家で他の人の目を気にする必要もないので、スピーカーフォンのまま話をした。ロボットのゴン太は、見た目がとてもかわいらしい。無機質な機械に向かって話をするよりは、佳子も気分が落ち着く。

もし佳子に何か変わったことがあれば、トシエがすぐにヒロシ経由で大介たちに連絡をしてくれる。画像で佳子の様子を示すこともできるので、大介は母親が本当に大丈夫かどうかがわかり、安心だった。

ハウスＡＩ導入後は、佳子が〝振り込め詐欺〟をはじめとする被害にあう心配も事実上なくなった。外部からの連絡はＡＩのトシエが対応する。本当に必要な連絡以外で佳子が煩わされることもない。２０１０年代には、迷惑電話の番号がデータベースに登録され、電話機によっては、それらのデータベースに接続することで迷惑電話を自動的にはじいてくれていた。

ハウスＡＩはそこから進化した機能を搭載している。電話に加えてメールやチャットなどのさまざまなコミュニケーションツールが、データベースの有無にかかわらず、問題がないかあらかじめ判断してからつなぐというシステムだ。

さらに電話をモニターしており、もし会話に問題があれば途中で介入したり、警察への連絡を裏で行ったりするといった機能も持つ。それによって、高齢者の詐欺被害が大幅に減少することになった。

ひとり暮らしの親の状況を把握できるシステム

都市部か地方かに関係なく、ひとり暮らしの高齢者が増えている。平成26年度の内閣府の発表によれば、65歳以上の高齢者のいる世帯は全世帯数の43・4％、2093万世帯で、そのうちの半数以上が単身または夫婦のみの世帯だ。この割合は、昭和55年の26・9％から一貫して上昇し続けている。

夫婦のみの世帯でも2人とも元気であれば、大介と亜紀のように若いころとそれほど変わらない生活ができるが、どちらか片方でも介護が必要になれば、状況は一変する。いわゆる「老老介護」の状態になるわけだ。

なかでも認知症は、病状が悪化すれば24時間目を離すことができなくなるため、介護する側の配偶者も急速に疲弊してしまう。時折テレビで特集番組が放送されることもあるので、まわりに認知症患者がいなくても、実際にどのような状況になるのかというイメージはわくだろう。

特に夫が妻を介護するケースでは、「絶対に自分が介護しなくては」という思いが強くなり、介護者は精神的、肉体的に追い込まれがちだ。

そうした負担を軽減するために、もっと社会的な介護サービスを頼るべきとの声も上がる。だが現在はよくても、あと10年か20年経てば人手や予算の不足で仕組み自体が崩壊しかねない。２０２５年には介護に必要な人材が37万人以上も不足すると予測されている。

大介が母親に提案したように、息子や娘が元気で余裕があるのなら、子どもが親を呼び寄せて同居し、介護する手もあるだろう。「呼び寄せ老人」などという言葉もあるくらいだ。家族の仲がよければなおさら、子どもとしては親の面倒を最後まで見たいという思いもあるはずだ。

しかし実際には、親は長く慣れ親しんだ地元を離れたくない、相手が自分の子どもでも人の世話にはなりたくないなど、さまざまな理由によって同居に至らないケースが多い。あるいは、一度は子どもの家に引っ越してみたものの、ライフスタイルの違いからうまくいかなかったり、家から一歩も出なくなったりして、かえって健康状態や精神状態が悪化してしまい、結局地元にいたほうがよかったということもあるようだ。

高齢の親にとって、いつも子どもが身近にいることがベストとは限らないのである。

では結局のところ、介護される側は、家族に何を求めているのだろうか？

筆者の母は現在ひとり暮らしだが、近距離のところに住んでいるので、何かあれば筆者がすぐに駆けつけることができる。目下の問題は、何か起きたとき、それを確実に知る方策がないということだ。

母親が自分で連絡ができる状態ならまだしも、いつもそうとは限らない。それに、筆者が家族旅行などで遠くに出かけているときと母親の調子が悪いときが重なってしまえば、筆者はすぐに駆けつけようもない。

ここで大事なのは、緊急時に誰かが確実に対応できるかどうかだ。現在でも、たとえば湯沸かしポットを一定期間まったく使っていないと家族に連絡がいくというシステムも存在するが、それよりもっと積極的な仕組みも考えられるだろう。

もし自宅に大介の家のようなシステムが導入されていれば、ＡＩが常にその持ち主の状態を把握することが可能になる。健康状態から、いま何をしているのか、どこにいるのかまでだ。そうなれば、親の家のＡＩと子どもの家のＡＩが常に連絡を取り合うことで、双方が相手の最新の状況を知ることができるわけだ。文字の情報だけでなく画像の情報もあれば、親が心配をかけまいとして体調不良を知らせないといったことも防げる。

もちろん、親子といえどもそれぞれにプライバシーはあるので、伝えるべき情報はそれぞれ限定すればいい（それについては次の章で考察する）。

ハウスＡＩが日々健康状態を解析し、何か異常があれば介護センターや主治医、そして家族にも連絡を入れる。何か緊急事態が起きたとき、たとえばＡＩが自動的に救急車を呼んだ場合も、その事実やどこの病院に搬送されたかなどの大事な情報が即座に伝わる。そういったシステムにより、離れて暮らしていても大事な情報をすぐに知ることができれば、介護者も介護される側も安心だ。

筆者自身、母が救急車で搬送された際、すぐに連絡がつかず、親戚経由でようやく情報を聞いて病院に向かったという苦い経験がある。

核家族はおろか、単身世帯が増えた現代では、いまさら親子同居は難しいという人が多くなっているようだ。別々に暮らしていながらも、遠すぎず、近すぎず、いざという時にはすぐに連絡がつくというのが、親と子の両方にとってちょうどいい距離ではないだろうか。そうした暮らしは、ＡＩがとりもってくれることで実現するかもしれない。

高齢者が地域に積極的に出ていくための介護とは

再び仮想ストーリーに入る前に、時代設定や佳子の状況を少し説明しておこう。

佳子は大介の気遣いを嬉しく思ってはいるものの、それほど大介に期待を寄せているわけではない。大介が遠くに住んでいる佳子の介護を日常的に行えるはずはないし、大介には大介の生活があるからだ。

それに、10年くらい前までは介護は家族が行うべきだという考え方があったが、介護に対する社会の共通認識が変化し、介護のシステムが充実するにともなってそれも変わってきた。

佳子は要介護度が高いほうだが、自分でできることは可能な限り自分でやることにしていた。家中に手すりを張りめぐらせたので、杖やシルバーカーがなくても、家の中で歩き回るのにとりたてて問題はない。

ただ、外出となると話は別だった。炊事や洗濯、買い物は週3回ほど来てくれるヘルパーさんに頼んで何とかなっていたものの、思いたったときに出かけて好きなものを買ったり、人と会ったりできないのがストレスとなっていた。

結果的に救世主となったのがAI、IoT、ロボットである。人工知能については当初、「人の仕事を奪ってしまう」などのネガティブな評価もあったのだが、そうした懸念を補って余りある貢献が知られるにつれ、人工知能はポジティブにとらえられるようになった。

佳子としても、ＡＩや自動運転車によって、日々のストレスが大幅に減少されることになる。また、歩行にはＡＩが補助してくれる歩行アシスト機が大いに役立った。２０１０年代半ばにもいろいろな歩行アシスト機が出ていたが、より進化し、装着しやすく手ごろな価格のものが登場したのだ。

そのようなＡＩを搭載した機器の多くは、決して安価ではない。すべてを所有しようとすると、特に佳子のように自分の年金と夫の遺族年金だけで暮らしている身にはつらかった。ずいぶん前から懸念されていた通り、給付額が減ってきている。

しかし、ＡＩや自動運転車、ロボットをうまく活用することで介護の人手不足が改善され、さらには介護にかかる社会的コストが減少するとわかってきてからは、導入にあたって行政の補助が得られるようになった。それもあって、佳子のようなＩＴにあまり詳しくない高齢者の家庭にも導入が一気に進んだのだ。

なかには、人ではなく機械が対応するということに抵抗を感じる人もいたが、全体的にみればスムーズに導入が進んだ。高齢でもスマホやタブレットを使い慣れている人が多かったからだ。そうでなくても、自分の介護をしてくれる人が周囲にいないとあっては、背に腹は代えられなかった。

【ストーリー4】高齢者が孤立しない社会

今日の佳子は、ここ何日かの間でいちばん調子がいい。ちょっと買い物に出かけることにした。

本当に必要な日用品は最新式の冷蔵庫やハウスコンピュータが自動的に補充してくれるが、それだけでは味気ない。もともと買い物が好きな佳子としては、時には買い物に出かけたいし、そのほうが元気でいられる。

「トシエさん、久しぶりにスーパーに行きたいわ」

「承知しました。車の準備をいたしますので、少々お待ちください」

トシエはすぐに、カーシェアリングの自動運転車が置いてあるガレージのコンピュータに連絡をとり、手配した。

「佳子さん、あと15分で車が到着するので、外出の用意をしてください。本日お召しになる服ですが、こちらはいかがでしょうか?」

ゴン太がトレイに着替えをのせて持ってきた。その日の天気や気温、佳子の気分などが考慮されたチョイスだ。

「いつもながら、センスがいいわね」

ハウスコンピュータは佳子の手持ちの服を把握しており、洗濯のあとの服の収納などもロボットがやっているので、どこに何があるのかがすべてわかっている。また、クローゼット以外にいつまでも服が放置されているような場合には、確認してから回収する。佳子から服の所在を聞かれて、どこに何があるのかを答えるのも朝飯前だ。

佳子が着替えて玄関を出たところで、車がちょうど家の前にやってきた。

「佳子さん、こんにちは。今日は、調子がよさそうですね」

自動車のＡＩが話しかけてくる。

「ありがとう。今日は気分がいいわ」

「いつものスーパーでよろしいですね」

「お願い」

車は佳子がしっかり着席したことを確認すると、静かに動きだした。腰を痛めている佳子にとって、急加速をしたりカーブでスピードを出したりしないでほしい。自動車のＡＩはそうした事情を把握しており、佳子の様子を確認しながらていねいに運転した。

佳子は運転免許を持っていない。かつては、少し遠出するにはヘルパーのスケジュールを確認したり介護タクシーの予約をしたり、近所の人の世話になったりする必要があったため、出かけること自体が億劫になりがちだった。

日用品の買い物や病院など、本当に必要な用事ならまだ頼みやすいが、あてもなく買い物をしたいとか、ちょっと友達とお茶を飲みに行きたいというときは気が引ける。車で出かけるには、誰か運転できる知り合いに頼むしかないのだが、佳子と同年代の友人たちはみんな運転免許を返上してしまい、気楽に頼めるあてはなかった。

ボランティアで地域を回って希望者をピックアップし、周辺の行きたいところに連れていってくれる人もいたが、時間が限られており、出先でのんびりすごすこともできない。しかし、完全な自動運転車が普及してからは、いつでも気楽に利用できるので出かけることが多くなった。

こうしたメリットは、都会に住む大介以上に大きい。地方では生活していくために自動車が欠かせないため、高齢になって運転免許証を返上した途端、好きなときに自由に出かける足を失うことになる。

完全な自動運転車は、高齢者による自動車事故を防止するとともに、高齢者がいつでも心おきなく外出するために不可欠なものとなっているのだ。

地域全体の自動運転車の交通を管理しているＡＩは、安全かつ最適なルートで佳子を目的地のスーパーマーケットに連れてきた。

目的地近くになると、ＡＩが「そろそろ歩行アシスト機を装着してください」と話しかけてきた。歩行アシスト機はすでに２０１０年代から登場して進化してきているが、腰から脚に装着することで人の歩行を支援するものだ。高齢者に限らず、足腰の弱った人の歩行を支援できる。

ＡＩと連携して上手くリハビリもできるように、随時アシスト具合を調整できる。当初の歩行アシスト機はいかにもメカっぽいものだったが、現在のものは衣服としてもおかしくないデザイン性の高いものが増えてきている。これを装着してから段差やそれこそ何もないところでバランスを崩して転倒するなどの事故も減っている。

「買い物を楽しんできてください」

「ありがとう」

佳子が車を降りると、車はそのまま自分で駐車スペースのほうへ移動していく。

そして降車と同時に、スーパーの買い物アシストロボットが、佳子の到着を察知して寄ってきた。買い物カゴの役割に加えて、届かないところにあるものを取るマジックハンドのような機能もあわせもつ、カート型のロボットだ。

佳子のように、もともと小柄だったうえに、骨粗しょう症のために背中が曲がってしまい、少し高いところや棚の奥のほうに手が届かない人には特に、このロボットは重宝する。歩行アシスト機でだいぶ行動がラクになったとはいえ、体の節々に痛みを抱える佳子には、背伸びをしたり手を伸ばしたりすることがつらいのだ。

佳子はよく大介にいっている。

「たとえ身内でも、いつもいろいろ頼まないといけないのは気を使うものよ。仕事でやっている人ならまだ頼みやすいけど、お金がかかるし、決まった時間しか来てもらえないじゃない？　わがままを通すわけにもいかないから、人工知能とかロボットに頼むほうが、気がラクだわ。こちらがゆっくりとしか動けなくても、イライラしないで我慢強く待ってくれているし」

買い物アシストロボットは高齢者の介助の役割を担っており、スーパーが導入するにあたっては補助金が支給されるようになっている。社会全体として見たとき、介護費用の削減になるからだ。スーパーにも負担が必要なのだが、昔からのお客さんが買い物を続けてくれることになるので導入には意味があった。

このスーパーが使っているロボットはこれだけではない。入荷した商品の仕分けや棚への品出しなども、最近ではロボットが担っている。むしろ、働いている人よりロボットのほうが多いくらいだ。

どのロボットも単体の独立した存在ではなく、スーパーを管理するAIの管理下にあって、その指示のもとに動いている。おかげでオペレーションがスムーズになり、当初の懸念をよそに、お店もお客さんもみんな満足していた。

店内に入ると、佳子は目的のものがあるところにゆっくり向かった。長年、行きつけにしているスーパーだ。何がどこにあるかはたいてい知っている。

途中、アシストロボットが佳子に話しかけてきた。

「佳子様、こちらの商品はいかがでしょうか？　新しく出たヨーグルトです。カルシウムの補給にもいいですし、佳子様の主治医の先生から推奨されたものだと思います。味もきっと、佳子様のお好みに合うはずです」

「本当？　じゃあ試してみるわ」

さすがはスーパーのロボットだ。新商品や特売品の情報はもちろんのこと、佳子の好みや健康状態などを把握したうえで、如才なく商品をすすめてくる。何か目新しいものを目にして気になったときも、ロボットに聞けばいつもよどみなく情報を教えてくれる。こうした会話も佳子の楽しみのひとつだ。何といっても、気兼ねなく話せるのがいい。


スーパーを一周すると、佳子はレジに向かった。アシストロボットはそのまま佳子の後ろをついてくる。

基本的には、すべての商品がカゴに追加されるごとに自動的にカウントされていく。レジカウンターにつくと、そのカゴを台の上に置くだけだ。

するとすぐにスクリーンに商品がリストアップされるので、間違いがないか確認する。間違いなければ「支払い」ボタンをクリックするか、または「支払い」と話しかける。

レジの下のほう、佳子の足もと近くに、アンクレットに反応するセンサーがある。これで精算は終わりだ。もはや現金は使われていない。

あとは、アンクレットの情報により、登録してある銀行口座からデビットカードのように引き落とされるか、クレジットカードでの支払いに加算されるようになっている。

買い物を終えてロボットとスーパーを出ようとすると、誰かが佳子に声をかけてきた。

「あら、佳子さん」

長年の友人の明子だ。以前はよく一緒に出かけていたが、お互いに体を動かすことがままならなくなってから、めっきり会うことは減っていた。

「あら明子さん、久しぶり」

「久しぶりね。元気そうじゃない？　もしよかったら、少しお茶でも飲まない？」

「そうね。せっかくだし、『また今度』じゃいつになるかわからないしね」

佳子はそういうと、ハウスコンピュータのトシエを呼び出した。

「はい、佳子様」

「久しぶりに明子さんに会ったので、少しお茶を飲むことにしたわ。でも、今日はちょっと暑いから、先に食料品だけを冷蔵庫に入れておいていただけないかしら？」

「承知いたしました」

アシストロボットが〝了解した〟という様子で、目の部分のＬＥＤライトをチカチカと点滅させている。トシエからの指示がロボットにすぐ届いたのだ。

ほどなく、スーパーの前に車がやってきた。佳子が買い物した荷物を、ロボットが車のトランクに入れてくれる。

荷物を詰め終わると自動運転車は無人で動き出し、佳子の自宅に向かった。あとは、トシエとゴン太がよろしくやってくれるはずだ。

車を見送った佳子と明子は、近所のカフェに向かって歩きだした。明子のほうは、しばらくガンで入院していたことがあったものの、手術が成功してすっかり元気になっている。二人は、道すがら互いの近況などを語りはじめた。

自立をうながすロボットの開発も急務

ＡＩは、人間でいえば頭脳のようなものだと前述した。機能特化型のＡＩは、特定の分野の作業において人間より優れた能力を発揮する。

しかし、頭脳単体で高齢化社会を救うことは難しい。日常の作業において、いかに物理的に人間を助けるかが重要だ。人間にとって脳は必要不可欠だが、手足がないと自由に動けないのと同じことである。

高齢になると、家の中ですら動くのがままならなくなる。それは、はたから見ているよりずっと大変だと聞く。その対策として、ストーリーではあえて衣服を運んでくるロボットを登場させたが、どのような機能が必要かは高齢者の状態によるだろう。ほとんど寝たきりの状態の人や、要介護度の高い人にはニーズがあるはずだ。

一方で、佳子のようにゆっくりでも自分で動きたいという人や、まだ動けるという人にとっては、何でもかんでもやってあげることは必ずしも本人のためにならない。家事をロボット任せにするより、家じゅうに手すりを張りめぐらせるなどして、なるべく自分で動けるような仕組みをつくるほうが意味がある。

高齢者の自立をうながすという意味では、自動運転車と同様に、歩行アシスト機のような人の動作を補助する機械・道具も大事になるだろう。みずから動く機会を増やし、ひきこもりを防止し、身体の機能を維持し、地域社会と関わることにつながるからだ。

ある程度以上のサポート（手を引いてもらう、杖をつく、シルバーカーを押すなど）が必要な人にとって、パワーアシスト型のアシスト機はたいへん助けになるようだ。

歩行アシスト機の存在意義は、単に日常の歩行を支援することにとどまらない。転倒を感知して防いだり、あるいは転倒してしまってもダメージを最小限に抑えて骨折のリスクを減らしたりしてくれる。転んで怪我をしたのがきっかけで寝たきりになり、認知症に発展することも多い。高齢者にとって転倒はできるだけ避けたいことなのだ。

アシスト機はさらに、リハビリやトレーニングのパートナーにもなりうる。きちんとしたリハビリを行うには理学療法士などのサポートが必要だが、将来的には、そうした専門家の指示を病院のＡＩが高齢者宅のＡＩに送り、その指示のもとに操作される歩行アシスト機を使って高齢者がリハビリを行う――。そのような利用法も考えられるだろう。

自立をアシストする機器としては、防水性にすぐれた、入浴に使えるものがあるとなおいいだろう。日本人はお風呂が好きな人が多いが、ひとりでの入浴が困難になれば、自宅でヘルパーや家族の介助のもと入浴するか、またはショートステイ先で入浴することになる。それは単に体をキレイにするという目的のためだけに行われるため、自分のペースでゆっくり入りたいという希望は叶えられない。

入浴は介護の中でも、かなり負担のかかる作業のひとつだ。介護者の負担軽減のためにも、風呂場での転倒を防止してくれる入浴アシスト機のようなものが待ち望まれる。

また、動作をアシストする機械には介護者が使うものも存在する。介護をする人は、寝たきりの人を移動させるときなどに腰を痛めがちだが、体の動きをアシストする機械を活用することで、介護者も体のダメージを防ぐことができる。

高齢者にとって真の意味での「ケア」とは、介護をしてもらうことではない。それは本来、最後の手段であるべきだ。将来的に、ＡＩによってさまざまなサポートが得られるようになったとしても、介護の必要な状態になることは、本人にとっても、家族にとっても喜ばしいことではないからだ。

もちろん、動ける人が体の不自由な人をサポートする必要はあるが、より自立した生活ができることこそ、本人と家族、そして社会にとって好ましい状態である。

人間の脳でいえば運動をつかさどるのは小脳だが、小脳の機能を実装するプロセッサの開発が進んでいるという。小脳で行われている処理をＡＩが学習し、アシスト機器に実装されれば、衰えた運動機能を補うようなマシーンの実現も期待できるだろう。ひいては、高齢者の事故を最小限にし、健康寿命を延ばすことにもつながるはずだ。

買い物や献立を考える負担が軽減される

ストーリー4ではスーパーマーケットで買い物をする場面があるが、そうした商売の形態はいつまで続くだろうか。

現在でもアマゾンが「アマゾンパントリー」というサービスを展開しているほか、新たなネットストアやサービスが急増し、食料品をはじめとする多くの日用品をインターネットで購入できるようになった。

鮮魚を専門に扱うネットスーパーもあり、もはやネットで買えないものはないといっても過言ではない。また、東京、神奈川、千葉や大阪、兵庫の一部では「Amazon Prime Now」というサービスが開始されており、ネットで注文したものをその日のうちに受け取ることも可能だ。

その一方で、買い物という行為は多くの人にとって楽しいことでもある。生活必需品に関してはともかく、たとえばビールを買おうと思って出かけて、そのときの気分で銘柄を決めたり、新製品を見つけて買ってみたり、売り場で美味しそうなつまみを見つけて予定外の買い物をしたりすることもあるだろう。

家族と一緒の買い物だったらその間の会話も楽しいし、会話から新たに買うものが出てきたりもする。買い物にそうした付加価値がある以上、スーパーのリアル店舗が完全になくなることは当分ないだろう。

日々の家事のなかでは、買い物より「献立を考えること」のほうが、実は億劫に感じられるのではないだろうか。料理好きの人でも、毎日となると悩むことは少なくない。うつ状態になると、まず献立を考えられなくなったり、料理がつくれなくなったりする（段取りができなくなる）などの症状が出るという。たとえ体調がいいときでも、料理は手間のかかる作業だ。家族の誰かが糖尿病などで食事内容への細かな配慮が必要な場合などは、日々の献立づくりだけでもひと仕事だろう。

そうした面倒なことも、ＡＩやロボットの力で一気に解消されるかもしれない。

料理のレシピサイトとスーパーマーケットの連携はすでに行われており、「クックパッド」は自宅近くのスーパーの特売情報を毎日通知するサービスを提供している。

筆者のスマホにも毎日届くのだが、たとえばサンマが特売であれば、サンマを使ったレシピの候補がクックパッドのアプリにいくつか表示されるという仕組みだ。レシピから検索した場合、スーパーの情報とは連動しないが、必要な材料をネットのショッピングカートに保存しておくことができる。

〝買い物〟が進化する

こうしたサービスが一歩進んで、その人の健康に関する情報（体重や血圧、睡眠の状況、アレルギー、主治医からの指示、飲んでいる薬、外出や運動の予定、天候、好みの食品、最近の食事内容から割り出した不足栄養素など）と料理のレシピ、スーパーの商品が連動したらどうだろうか。

あるいは、友人を呼んで食事をふるまうようなとき、もしその人に食品アレルギーがある場合、それもあらかじめ取り込んでおけるとしたらどうだろう。

お店のＡＩに伝える情報は買い物に必要なものに限定されるにしても、家のＡＩとスーパーのＡＩが連携することで、いままでなんとなく個人の頭の中で感覚的に行われていたことが、ＡＩの根拠にもとづいて提案され、その中から選択できるようになるわけだ。

昨今、消費者が生産者に透明性を求める傾向が強くなっており、商品の産地などのデータが気になる人も少なくない。また、店舗側が積極的に売りたいものもある。それらのマッチングをＡＩが行うことは、個人の暮らしに役立つだけでなく、社会の活性化を促すことにもなるはずだ。

このように、食材を販売する小売業者が私たち消費者の生活に同期する未来は、アメリカのオンライン・スーパーマーケット「フレッシュダイレクト」のＣＥＯジェイソン・アッカーマン氏も予測している。

仮想ストーリーで示したように、リアル店舗で買い物をする際、カート型のロボットがガイド役を担うようになることも考えられる。アンクレットと連動して、一時的にスーパーのシステムにバックグラウンドで自動的にログインし、家のＡＩ（トシエ）とも一時的に通信をつないで、買い物に必要な情報を渡す。そんなシステムが整備されることは、非現実的とはいえないだろう。

すでに、スーパーなどの店内を巡回しながら商品陳列棚の状態を画像認識し、品切れや値付けミス、陳列乱れなどを確認する「Tally」というロボットが、Simbe Robot社によって開発されている。

【ストーリー5】キッチンでも進むＡＩの導入

自宅に高度なＡＩシステムが整備されると、コミュニケーションや衣類の整理のほかに、どのような点で利便性の向上が期待できるだろうか。

久しぶりに会った佳子と明子は近くのカフェに入り、時間が経つのも忘れて昔話に花を咲かせた。2人とも子どもとは遠く離れてひとり暮らしをしており、人とまったく話さずに一日が終わることもめずらしくなかった。

しかし、ハウスＡＩを導入してからは、生身の人間と同じような感覚でコンピュータと会話できるようになり、孤独を感じることも少なくなった。10年以上前は、ひとり暮らしの高齢者が話をするのはテレビだけという話もよく聞かれたが、最近はそのようなことはない。

それでもやはり、旧友とは話がはずむ。これはどんなに優れたＡＩでもかなわないところだ。佳子と明子はしばらく会話に没頭したが、二人とももう80代だ。カフェのイスに長時間座っているのがだんだんつらくなってきた。近いうちの再会を約束して帰宅することにした。

「トシエ、そろそろ帰りたいわ」

佳子が手元のウエアラブル端末に呼びかけると、スピーカーから、佳子にだけ聞こえる音量で返事が届く。

「承知しました。すぐにお迎えにあがります」

すると何分も経たないうちに、再度トシエの声で「お店の前に到着しました」との知らせが入る。自動運転車は佳子が買った商品を自宅に運んだあと、ただちにスーパーへ戻り、駐車スペースでスタンバイしていたのだ。

佳子は店を出て自分の車に向かった。歩行アシスト機能はありがたい。自動運転車が佳子のアンクレットを感知し、車載カメラで佳子であることを認識すると扉を開けた。

出かけたのは昼の少し前だったのに、もう日が西に傾きかけている。

少しばかり長居しすぎたかもしれないが、楽しい外出だった。AIやロボットがなければ、今日も家の中ですごして終わっていただろう。

車は相変わらず安全運転で無事に帰宅したが、疲れたので少し休むことにした。

ベッドに横になると、佳子がいま心地いいと感じる角度や硬さに、自動的にベッドが変化した。

「トシエ、少しだけ暗めにしてちょうだい」

そういうと、すぐに明かりが弱まり、ちょうどいい具合に調整された。

あまり早い時間から熟睡してしまうと夜の睡眠に影響するが、トシエはそれをちゃんと考慮して、17時30分になると佳子に優しい口調で語りかけた。

「佳子様、17時半です。そろそろ起きたほうがよろしゅうございます」

それと同時に、佳子が起き上がるのを助けるように、ベッドの上半身部分が角度をつけて起き上がり始めた。もちろん、ゆっくりと補助するようにだ。

この一連の作業は、佳子の睡眠のサイクルや脈拍などの数字などをモニターしながら行われているので、佳子は負担なく、気持ちよく起きることができる。

目を覚ますと、ゴン太がクリクリとしたかわいらしい目をしながら、ベッドサイドに立っていた。佳子は「そろそろ、夕飯をつくらなきゃね」というと、ゴン太につかまりながら立ち上がろうとした。それと同時に、ベッドも佳子が起き上がりやすいように、自動的に角度を変えながらアシストする。

佳子は起きるとすぐキッチンに向かった。

キッチンもロボット化されているので、食事の準備には時間がかからない。料理はほとんどロボットが行ってくれるが、このキッチンを導入して以降、かつて料理好きだった佳子は自分を取り戻したように感じた。

というのも、佳子は一時期、立っていることすらままならなくなって入院を強いられたことがあった。回復したいまでも、料理のすべての行程を自分でだけこなすのはつらい。手足が自由に動かず、肩もあまり上がらないので、棚からモノを取ったり、料理道具を持って作業をしたりするのは一大事なのだ。

それで一時は宅配の弁当で夕食を済ませていたのだが、ある程度の期間とり続けていると、同じようなメニューにだんだん飽きてしまった。味付けが自分好みではないものも少なくなかった。この点に関しては、時代が変わってもあまり差がないようだ。

だからといって、料理をしようにもまともに動けず、かつてのようには腕を振るえない。

火を扱うことに恐怖を感じるようにもなった。ひとり暮らしということもあり、簡単なものしかつくらなくなって、栄養のバランスが偏ってきてしまっていた。

そんな母親のことを心配したのが大介だ。佳子はもともと少食だったのだが、体を悪くしてからそれに拍車がかかり、体重がかなり減ってしまった。大介がどうにかできないかといろいろ調べていたら、ロボットキッチンの価格がこなれて、だいぶ導入しやすくなったことに気がついたのだ。

２０１５年ごろには、海外のロボット関連企業が、シンクやオーブン、レンジなど通常のキッチン装備一式に、精密なロボットアームを搭載したものを発表していた。その当時から、一般向けの販売が予定されていたが、いまでは技術革新が進み、リフォームの一環として導入する場合は１００万円ちょっとという、水回りをリフォームするのと変わらない程度の金額で購入できるようになっていた。

そこで大介は思いきって、ロボットキッチンを母親にプレゼントすることにしたのだ。

このロボットキッチンは、ＩＨ式コンロの上やシンクの上に、天井をつたって４本のロボットアームを備えており、これらが上下左右に動くことでいろいろな作業を行う。

どのアームも人間の手のように先端が5本の指の形をしており、ものをつかむことはもちろん、繊細な作業も可能だ。指の代わりに専用の道具を装着し、人間が使う包丁や箸、ヘラなどを使って、人がやるのと同じように調理することができる。

シンクの中で野菜を洗い、それを包丁で切り、ボウルに入れてコンロ上のアームに手渡すことなど朝飯前だ。調理前の下ごしらえをしながら同時に湯を沸かしたり、いくつかの作業を並行して進めたりもできる。ひとつのことにフォーカスしがちな人間より、むしろ安全かつ効率的に料理をつくれるのだ。

しかもアームは、人間が近くにいるときは非常にゆっくり動き、万一接触したときはすぐに動きを止める。人がケガをしないよう考慮されているので事故の心配もない。

2015年ごろに発表された初期のロボットキッチンと大きく違うのは、ハウスＡＩにつながっているということだ。つまりこの家では実質、トシエが料理をしてくれるようなものだった。

トシエは冷蔵庫やパントリーにストックされている食材を把握しており、それを考慮した献立を考える。ときには佳子が提案した献立にひとひねり加えるようなこともある。佳子はロボットキッチンに備えられたスクリーンを見ながらトシエと話ができるので、新しい献立を提案されても、どんなものになるのかイメージしやすい。

多くの下ごしらえの作業から焼く、煮る、炒めるというところまで、ロボットキッチンがすべて行ってくれる。佳子はもっぱら、それを見ていることのほうが多い。火にかける時間や火力はトシエが把握しているし、調理の過程はロボットキッチンに備えられたカメラやセンサーがモニターしているので、まず失敗することもない。

本来、佳子は見守る必要はないのだが、それでも時々口を出す。もう少し茹でてほしいとか、火力の調整を自分なりにやりたいという場合があるからだ。そんなときはひと言、お願いの言葉をかければいい。

「トシエ、もう5分ほど茹でてちょうだい」

それが危険なことだったり、ひどい結果につながると予測されたりするときは、トシエは理由を説明して制止するが、そうでなければ「承知しました」といって指示に従う。

佳子が口を挟むことで、かえってうまくいくときもあれば、失敗することもある。どちらに転んでも、佳子としてはすべてを任せるより面白かった。少しでも自分で料理をしているような実感が得られたからだ。

トシエにとっては、これらの出来事はすべて学習材料となる。なぜ佳子はそんな指示を出したのか。どんな気分だったのか、どんな健康状態だったのか――。その次に同じような状況になったら、過去のさまざまな状況と照らし合わせて、トシエのほうから火加減について提案することもある。

もし、佳子が作業の一部を自分でやりたくなったら、「トシエ、その作業は私がやるわ」という。するとロボットアームは動きを止めて、安全な位置に退避する。

佳子がひとしきり作業を終えて、「トシエ、あとはお願い」といえば、作業はロボットキッチンに託され、佳子が安全な距離に移動したのを確認してから、その後の作業を引き継ぐ。

ロボットキッチンといえど、機械が一から十まで自動で行うのではなく、人間が作業したければコラボレーションできる仕組みになっているのだ。

佳子は最近、大介からもらったプレゼントのうち、この細やかな対応をしてくれるロボットキッチンがいちばん気に入っていた。

いまのところ、ロボットキッチンを導入している家庭はまだそれほど多くない。さまざまな分野で自動化が急速に進んだ結果、時間に余裕ができて、料理に凝る人が増えてきたことが関係しているようだ。体が自由に動き、家事に時間を割くことができ、料理に自分なりのこだわりがある人にとっては、キッチンをロボット化する必要性はあまり高くないのだろう。

下ごしらえやあと片づけの作業を億劫に感じる人もいて、それらをロボットに任せ、肝心なところだけ自分でやるという人も増えている。

かつての食器洗浄機や乾燥機がそうだったように、新しい道具に最初は抵抗を感じたが、一度使ってみたら便利で手放せなくなった――ということはありがちだ。体を動かすのがつらい高齢者には特に、ロボットキッチンは有益な道具となっている。

いまや佳子は、配膳すらやる必要がない。アームが器用な手先を使って、キレイに料理を盛り付けてくれる。その皿をゴン太がもつトレイの上にのせたら、あとはダイニングテーブルの前に座る佳子のもとへゴン太が運び、食事の準備は完了だ。

しかもキッチンのアームは、佳子が食事をしている間に、料理で使った鍋やフライパンなどを洗い、収納までを済ませた。

佳子はひとりで食事をとるのが常だが、寂しさを感じることはほとんどなかった。何かしゃべりたくなれば、トシエが話を合わせて楽しい会話をしてくれる。佳子が体調を崩していたときは、トシエが話しかけても反応が鈍く、大介を心配させたが、このキッチンを導入して以来、快活に会話をする元の佳子に戻った。

「トシエ、ごちそうさま。美味しかったわ」

佳子がそういうと、すぐにゴン太がやってきた。トレイの上に皿を置くと、それをゴン太がキッチンに運び、アームが洗って片づけてくれる。料理の過程で出たゴミや残飯は、その都度きちんと指定のゴミ袋にしまわれるので、いつもキッチンは清潔だ。

食事のあと、佳子はお茶を飲みながらのんびりと読書をした。時々ヨシエと話しながら、就寝までの時間を寛いですごした。

キッチンのロボット化で食生活が豊かに

高齢になると、以前は当たり前だった家事にも負担が大きく感じられるようになる。なかでも炊事は、その最たるものだろう。

夫婦二人がそろっていて、なおかつ主として料理をする人（一般には妻）が元気であればまだいいが、ひとり暮らしとなると事情は違ってくる。自分のためだけにつくる気力がわかないとか、ひとり分だけ料理するのは無駄が多いといった問題が出てくる。

冷凍食品やフリーズドライなどの加工食品、調理済みの惣菜、宅配の弁当などを利用すれば、料理ができない高齢者でも食事に困ることはない。

ただし、それらにばかり頼っていると栄養面や経済面での不安が生じてくる。味が濃すぎて口に合わず、次第に食がおろそかになってしまうかもしれない。食べさせなければならない相手がいなければ、日々の食事はなおのこと適当になりがちだ。

私たちはいまや便利な道具をたくさん持つようになり、昔と比べると家事はずいぶんラクになった。ネットショッピングなどによって、目的のものを手元まで簡単に持ってくることもできる。それでいて、こと食事づくりに関しては、口に運ぶまでのラスト・ワンマイル、最終行程がまだ万全ではないのである。

実はキッチンは、家の中で最もハイテクな機器が集まっている場所だ。冷蔵庫は食品を保存するという地味な役回りだが、美味しさを維持するためのさまざまな仕組みがあり、節電にも配慮されている。電子レンジに食洗機、フードプロセッサーなども同様だ。火事防止のセンサーが搭載されたガスコンロがあったり、ともすると人間が釜で炊くよりおいしくごはんを炊ける電気炊飯器があったりもする。

つまり、道具自体はすでに十分ハイテクなものがそろっているわけだ。それでもちゃんとした料理をつくるには、人間がいろいろな作業をこなさなくてはならない。段取りを考え、タイミングを計りながら、いくつもの動作を行う必要がある。それだけ料理は高度な作業だということだ。だからこそ、ちょっとした手違いで失敗したりもする。

道具がハイテク化したとはいえ、いずれも単機能だ。本来の役割とは違うことをしたり、他の機器と連携して自動的に作業してくれたりはしない。

だから、いくら便利な道具をたくさん持っているとしても、料理に関してはいまのところ、人間の負担が大きいのが実情だ。しかし素材を洗う、皮をむく、しかるべき切り方でカットする、場合によってはフードプロセッサーを使う、鍋を火にかける、調味料を加える、ちょうどいい塩梅で火から外して皿に盛り付けるといった、一連の作業をやってくれるロボットがあればどうだろう。高齢者であっても、いつでも理想的な食事をできたての状態で食べられるようになる。

料理の自動化はそう遠い未来ではない

それを予感させてくれるものはすでに存在する。イギリスのMoley Robotics社が開発するロボットキッチンがそれだ。このキッチンには、人間の手と同様のロボットアームが使われており、驚くほど高い操作性で料理を進めていく。

あらかじめプログラムされたレシピに応じて、全自動で料理をこなしてくれる。そればかりか、一流の料理人の操作を学習させておくことで、自宅にいながらにしてプロが調理したかのような料理を味わうことも可能だ。

このシステムを家のＡＩごとシステムに組み込んだらどうだろうか。ＡＩが決めた、または決めるのを補助してくれた献立にしたがって、自動的に手配された食材を使って全自動で料理する。佳子とトシエがするような会話をＡＩに学習させて、調理法をその人流にカスタマイズすることもできる。

さらに、人間が部分的に作業に加わることができるようになれば、自分が料理をしたという気分を味わえるようにもなるだろう。

注意力の落ちた高齢者にとって、料理は危険をともなう作業だ。しかし、火の消し忘れや油の過熱による発火、衣類への着火など、死亡事故につながりかねないリスクを、AIの働きによって防止するといったことも可能なはずだ。

ちなみに、Moley Robotics社のロボットキッチンは、2018年ごろに一般向けの発売を目指しているようだ。値段も1万ポンド（約180万円）と、一般的なキッチンリフォームと変わらないくらいの価格だ。このようなロボットのニーズが増えれば、他のメーカーが参入し、もっと導入しやすい価格になることも十分に考えられる。

このような仕組みが整って家庭に導入されるようになれば、動くことが億劫になってしまった高齢者がひとりで暮らすことになっても、いまよりずっと快適に、健康にすごせるようなるに違いない。

第5章

医療・介護問題も人工知能が解決してくれる

都市部では病院の混雑が常態化し、地方では医師が不足している地域が少なくない。いずれも問題視されるようになって久しいが、一向に改善の兆しは見えないままだ。

そこで解決のカギを握ると期待されるのがＡＩである。医師の情報交換サイトを運営するメドピア社が２０１６年、現役の医師３７００名にアンケートを実施した結果、「ＡＩが診療を担う時代が20年以内にくる」と考えている医師が多いことがわかった。

アメリカでは、正確な投与を行える麻酔ロボットが開発されており、患者の診断や処置に関する膨大なデータの蓄積も進んでいるという。

引き続き仮想ストーリーから、ＡＩに支えられる暮らしについて、本章では医療と認知症介護を中心に考えていきたい。まずは、第3章の終わりで都内の大型クリニックに向かっていた大介が車を降りたあとのシーンから始めよう。

［ストーリー6］ＡＩ時代の病院でも医師は不可欠

買い物に出かけるという亜紀といったん別れ、大介はクリニックに入った。受付のエリアに差しかかると、アンクレットに反応してロボットが滑るにようにして走ってきた。

「小林大介様ですね」

大介がそうだと答えると、ロボットは「それではこちらへ」といって、検査室に続く廊下のほうへ動きだした。大介はただそのあとをついていく。

ロボットは患者の動きに合わせてスピードを調整するため、ゆっくりとしか動けない人や高齢者でも置いていかれる心配はない。自力で歩けない患者には別途、車イスの機能をもつロボットが対応することになっている。

このクリニックには、急患など飛び込み対応のための受付はあるが、それ以外のときは患者が受付で手続きする必要はない。その代わりに、複数台の案内ロボットが患者の間をせわしなく動き回っていた。

予約管理はＡＩが行っており、病院にやってくる患者の到着時刻を把握している。ロボットがそれに対応し、アンクレットの信号と顔認証システムで患者の確認をして声をかけるという仕組みだ。

ロボットの台数は限られているが、ＡＩの普及により患者が大病院に無秩序に集まるということはなくなり、診察まで長時間待たされることもない。

かつては高齢者を中心に、深刻な症状ではなくても地元のクリニックには行かず、専門の診療科がある大病院に行くという人が珍しくなかった。「大病院のほうが安心」という考え方が主流だったからだ。そこで、紹介状がない限り初診料を高額にするなどの施策がとられたが、多くの人の意識を変えるには至らなかった。

ところが、ＡＩが徐々に医療業界に浸透するにしたがって状況は変わった。まず、大病院でも地域のクリニックでも、医師がすべての患者を診察するということが少なくなった。医師が診察をする場合でも、事前に患者のさまざまな医療データを入手してから診療することが多くなったため、効率化がはかられると同時に、診断の精度も高まった。

ＣＴなど比較的高額な機器を使う検査はそれなりの規模の病院で受診することが必要だが、そのような場合も同様だ。検査が終わり次第、撮影された画像はすぐＡＩの診断システムに回され、ＡＩが自動的に画像診断をして問題の有無を示したり、医師に助言を行ったりする。それによって診断のスピードが速くなり、診られる患者の数が増えるとともに、病気の見落としが減少したのだ。

もっとも、ＡＩによる診断は自宅で日常的に受けることもできる。ハウスＡＩと病院のＡＩを直接つなぐことで、ハウスＡＩが日々収集している脈拍や血圧などの生体情報や日常の様子、問診ベースの会話をもとに、病院のＡＩが診断を進めるのだ。

最終的にはＡＩが出した結果を医師が確認して診断するのだが、たとえば大介や佳子が何か少し気になることがあればＡＩに相談することもできるし、逆にその様子から、医師が患者に来院を求めることもある。いい意味で、インタラクティブな診療が行われる時代になったのだ。

おかげで、仕事が忙しい大介のような人間も病院に行かずに医療機関とのかかわりを持ち、不調を早期発見することができる。そのため、最近はＡＩによる診療を好む人が多い。会社の健康診断はいまも法律で義務付けられてはいるが、必要な項目の検診を好きなときに受けて、その検査結果を医療機関と共有すればそれでいい。大介もそのようにして自身の健康管理を行っていた。

こうして医療とＡＩが結びつくことにより、大病院の混雑など医療の多様な課題が改善されたのである。

大介がロボットについていくと、X線CTの撮影ルームの前に到着した。最近なんとなく調子が悪かったので、血液検査などの基礎的な検診を受けたところ、腫瘍マーカーの数値に問題があり、再検査を求められたのだ。

無事に撮影を終えて部屋を出ると、廊下には先ほどと別のロボットが待っていた。病院のAIによるコントロールのもと、そのときいちばん近くにいるロボットがやってくるシステムになっている。

最近は医師だけでなく看護師も不足気味だ。医師や看護師にはできるだけ「本業」に専念してもらうためにも、ロボットが可能な限り多くのことをこなしているのだ。といっても、病院の外見的な構造はそれほど変わっていないので、何十年か前の時代からここへ突然タイムスリップしたとしても、あまり違和感を抱くことはないだろう。

大介はロボットに連れられて診察室の前までやってくると、近くのイスに座って待っているよう指示された。

しばらくすると診察室の自動ドアが開き、医師が大介の名前を呼ぶ声が聞こえた。このあたりの仕組みは、昔からあまり変わっていない。

診断に関してAIが行うのは、現時点ではあくまで各種のデータや撮影画像などにもとづく事前診断と、医師にレコメンデーション（推奨される治療方針）を示すことが中心だ。医師はそれを参考にして、患者に診断結果や治療方針などを示す。

もちろん、AIの診断結果やレコメンデーションは患者本人も確認することができる。患者は診断に納得がいかなければ、他の病院で診察を受けてもかまわない。あくまでデータは患者個人のものであり、AI間のやりとりによって他の病院と情報を共有することも可能だ。

担当の大沢医師は、大介と挨拶を交わしたあと、診断結果が「肺ガン」であることを単刀直入に告げた。

実は大介は、何年か前に受けたDNA検査によって、自分の肺ガンの発症リスクは日本人の平均より高いことを知っていた。それもあり、再検査を告げられた時点で予測はしていたのだが、やはりまったくショックでないといえば嘘になる。

医師は大介に向かって、いくつかの写真を見せながら説明を続けた。ガンといっても、かなり経験のある医師でも見逃す可能性があるような、ごく初期のものだという。まして大介のような素人の目には、画像を見たところでよくわからない。

いろいろ説明を受けたのち、医師からは「手術を受ける」ことをすすめられた。

大病院の待ち時間はなくなる

大介が病院に入っていくとロボットが対応したが、病院の受付手続きは現状でも大して複雑ではない。再診であれば、受付で診察券を渡すか機械に通すだけでいい。

ただし、大きな病院を初めて訪れて、窓口が診察内容によって異なるような場合は戸惑うこともあるだろう。また、複数の検査を受けるときなどは、病院のスタッフが案内してくれる場合をのぞけば、自分で（あるいは付き添いの家族が）場所を確認しながらいくつもの部屋を回る必要がある。案内板を見つけられず、次の検査場所がわからなかったり、広い病院ではうっかり迷子にもなりかねない。

そうした面倒ごとも、ストーリーで示したように病院自体がＡＩ化し、ロボットと連携しながらさまざまな管理を行うようになれば容易に解消される。

センサー機能をもつアンクレットのようなウエアラブル端末に、その人の健康情報や診察の情報などを入れておくとしよう。ＡＩがそのデータと病院の診察情報を関連づけて、院内での患者の位置を常時把握できれば、ロボットが受付や案内を担うことも可能なはずだ。案内の道中、ロボットと患者が会話をすることで、診察につながる情報を確認することができるかもしれない。

病院のＡＩ化によるメリットはさまざまなものが考えられるが、患者にとっては待ち時間を短縮できることがいちばん大きいだろう。現状では、事前に診察の予約をしていても1時間以上待たされることは珍しくない。機械的に割り振った時間と、一人ひとりの対応に実際にかかる時間が合わないために、予定がずれ込んでしまうのだ。

しかし、予約をＡＩが管理するようになれば、それぞれの患者の診療内容から診察にかかる時間をもっと正確に予測し、調整できるようになるだろう。患者がどのような人で、どんな症状で来院するのか、過去の診察状況はどうなのかといったデータの数が増えれば、さらに予測の精度は高まる。

具合が悪くて病院に来ているのに、長時間待たされるのはつらい。筆者の母がいうには、午前中の予約のはずが午後にまでずれ込み、結局6時間も病院にいたことすらあるという。

今後高齢化が進むにあたって、病院に行く人の数が増えることはあっても、減ることはまず考えにくい。予約をただ機械的に入れるより、ＡＩが個人の情報にもとづいて管理するほうが、病院にとっても患者にとってもはるかに効率的だ。

個人情報の流出が懸念されるが、それは便利さを享受するのと引き替えだともいえる。患者の利便性が十分に高まれば、多くの人に受け入れられるに違いない。予約や道案内という機能に注目すれば、病院以外にも同様のシステムを利用することができる。

いまや、さまざまな会員証がスマホアプリとして管理されているし、各種ポイントカードによって、一般企業が個人の行動をかなり把握している。それと個人の健康情報を同列に扱うのは乱暴かもしれないが、多くの人の健康寿命を延ばすことにつながるのであれば、荒唐無稽な話ではないだろう。

病気の早期発見が可能になる

ＡＩが医療をサポートするにあたってもっとも期待されているのは、診断や治療に関することだろう。風邪などの症状で病院に行くと、だいたいの場合しばらく待ったあと診察室に呼ばれ、ひとしきり問診を受けて聴診器を当てられ、医師がノドや胸の様子を確認し、おもむろに診断が下される(それならまだいいが、どこも悪くないといわれることもある)。深刻な病気でなければそれでいいかもしれないが、いずれにしても私たちは、問診のときに情報を正確に伝えられているだろうか。記憶が一部欠落していたり、無意識にバイアスがかかっていたりして、いつも正確には伝えられていないと考えるほうが自然だ。

体が発する日々のデータや行動の記録、見た目の表情や微妙な体の歪み、姿勢など物理的にも視認できる情報など、体が発するすべての情報を総合的にとらえて判断したほうが、診断の精度が高まるのは間違いない。人間の医師は人数が限られているのでそれを行うのは非現実的だが、AIの診断システムがあれば不可能ではない。

また、豊富な知識を持ったAIのほうが患者に納得のいく説明ができるかもしれない。というのも、重篤な病気でなければ、患者としては病名がついたほうが案外安心する。

しかし現実には、体の痛みを訴えた病院でさまざまな検査を受けたあげく、医師から「特に悪いところはないようです」と言われることも多い。

具合が悪いのに「何も悪いところがない」では患者は納得できず、他の病院にかかることになる。それで運よく詳しい医師に当たると初めて自分の病状がはっきりする。しかしAIの診断なら、わかりにくい病気でも早期に発見されるかもしれない。

第3章でも触れたように、自宅のＡＩ化やウエアラブル端末による個人データの収集が進めば、日々の体調や行動記録などのデータを大量に集めることができる。そして、ＡＩがその日常的なデータと、病院で行われた検査結果などを併せて健康状態を解析すれば、より客観的に診断が行われるわけだ。

さらに、最新の医療・科学の情報を常時アップデートし、ＡＩがそれらにもとづいて総合的に診断を行い、医師に治療方法を推奨するということもできるだろう。

あるいは冬に多いインフルエンザならば、その人の行動範囲や流行の状況から早々に診断し、予防のために行動を具体的にアドバイスできるかもしれない。または、医者も予期せず、まったく別の重篤な病気を早い段階で見つけられることもあるだろう。

正確な診断はAIがもっとも得意なところ

大介は、検診の結果から画像診断を受けることになったが、近年ではＸ線ＣＴやＭＲＩなどによる断層撮影を行うことが珍しくなくなってきた。日本では、それほど規模の大きくない病院でもこれらの設備が導入されていることが少なくない。

通常のレントゲン撮影と比べて、ＣＴやＭＲＩによる撮影によって体内の状況がより具体的にわかるため、さまざまな病気の早期発見や確実な診断には不可欠だ。

とはいえ、画像を見て診断を下すのは人間である医師だ。最終的な診断は人間が行う以上、いくら撮影機器が進化しても病気の見落としや誤診は避けられない。

ＡＩによる画像診断を行っているアメリカのベンチャー「Behold.AI」の創業者Jeet Smarth Raut氏は、母親が受けた「ガンの心配はない」という診断が誤診だったという経験をもっている。そのようなミスが起きたのは、診察を受けたのがイリノイ州郊外にある小さな町の病院で、医師が専門家ではなかったからだろうと考えたという。

しかしこうした誤診は、地域や病院の規模を問わず、至るところで起こっている。画像診断を行う医師がみんな、その病気の専門家であったり、ベテランであったりするとは限らないからだ。

医師同士で知識を共有することはできても、すべての医師がすぐにベテラン医師と同様に診断できるわけではないだろう。ガンだけをとってみても、人間は実に多様なガンを発症するため、すべての医師があらゆるガンに精通しているわけでもない。

むしろ、医師の素晴らしい経験や知識、スキルは、分野ごとに偏在しているというのが実情だ。担当医師がたまたま自分の患部の専門家で早期発見できたが、そうでなければ見過ごされていたということもありうる。

もし、膨大な過去のデータを取り込んだＡＩが診断するようになれば、そのような運による差異を軽減できることになる。担当医師の能力や専門性にかかわらず、問題を発見できる確率が高まるはずだ。患者の遺伝子の特徴や生活上の情報など、広範に情報を集めていればいるほど、より的確かつ早期に診断を行うこともできるだろう。

診察データが積み重なり、さらには世界各地で行われた診断情報を相互に共有することで、ＡＩの診断の精度はますます上がっていく。つまり、ディープラーニングによって性能が向上するわけだ。

アメリカにあるスタートアップ企業のEnlitic社によれば、同社のシステムのガン検出率は、すでに人間の放射線医師のそれを上回っているという。

情報共有によるＡＩの判断精度の向上は、診断だけでなく治療に関しても同じことがいえる。具体的な治療法やその精度、予後などをすべて記録して経過を追跡し、ＡＩが世界レベルでつながってベスト・プラクティス（最善の方法）を共有できるようになれば、あらゆる病気の治癒する確率が飛躍的に高まるのではないだろうか。

最終的な判断は人間である医師が行うにせよ、患者はこれまでよりもずっと客観的で確かな情報を得ることができるとともに、医師の判断の根拠もクリアになるだろう。

[ストーリー7]ロボットによる手術は正確かつスピーディ

ガンという診断を受け、手術をすすめられた大介は、その後どのような選択を迫られたのだろうか。ここでは、未来の手術の在り方をシミュレーションしてみたい。

大介は「手術」と聞いてつい身構えてしまったが、今回はロボットが執刀するという。説明によると、肺ガンの手術には全身麻酔で行う開胸手術と、局所麻酔で胸壁に穴を開けて行う胸腔鏡手術というふたつのスタイルがある。

大介が今回受けるのは胸腔鏡手術で、かつて主流だった開胸手術とは異なり、それほど大掛かりなものではないらしい。仕事にも早く復帰できるようだ。

何といっても、実家の母親のことが気になる――。まだ、自分が倒れている場合ではない。手術を受けるなら早い方がいい。大介はそう考え、できるだけ近いうちに手術を受けることにした。

ロボットを使った手術といえば、2010年代の半ばには「ダヴィンチ（da Vinci）」という手術支援ロボットが現場に投入された。医療ロボットは胸腔鏡手術に限らず、以前からさまざまな臓器の手術で活躍している。

ただし、ロボットによる手術の保険医療が適用されていたのは前立腺ガンのみで、それ以外の症例への適用は自由診療だったため、全額自己負担だった。

それがいまでは、ほとんどの症例に保険が適用されるようになり、技術的にも改善が進んだ。そのため、ロボットを使った手術が主流になってきている。体への負担も手術の失敗も少なく、患者と医者の双方にメリットが大きい。

胸腔鏡手術の場合、脇の下に刺し傷をつけ、そこからロボットアームを挿入して行うが、その操作をするのは人間だ。担当医師が手術室のコンソール（コンピュータの制御卓）を使って、3D画像システムで患者の体を確認しながらロボットアームを動かしていく。それにあたり、CTによる断層写真が必要なのだが、大介はすでに撮影済みなので、その画像をシステムにコピーして使用すればいい。

手術の進め方の検討、シミュレーションは、代替策を考えることも含めてＡＩが行う。このＡＩは、大介の症例と同じケースの手術の事例を大量に学習済みだ。事例は世界中から集められており、なかには〝神の手〟といわれるような外科医のノウハウもある。

進め方の最終的な判断は担当医師が行うとはいえ、医師固有の経験に過度に依存することなく、世界最高スキルの手術をどこの病院でも期待できるわけだ。かつてあった医師の判断ミスなどによる医療事故も、ほとんど過去のものになりつつある。

２０１５年ごろにはロボットアームの性能も高くなり、体の中という非常に小さな空間でも医師は自在にアームを動かすことができていた。ただ、当時は臓器などに触れる感触を操作コンソールで感じることができず、視覚を頼りにする必要があった。そのため、医師はロボットアームの操作に熟練することが求められていた。

そんな状況も、機器の進化やロボットとＡＩの連携が進んだことにより、大きく変わりつつある。事前に仕入れた情報にもとづいて、ＡＩ自体が手術のやり方を判断するようになってきた。そして、実際に手術を進めていくこと、つまりオペレーションそのものも

ＡＩが担うようになってきたのだ。

アームはセンサーを搭載しており、アームの最適な動かし方や力のかけ方などがデータとして蓄積されるようになっている。蓄積されたデータはＡＩの学習に使われる。データが蓄積されるほど技術が向上する。こうしたサイクルを経て、ロボットが手術を進めることができるようになったわけだ。

もちろん、手術中には何が起きるかわからない。医師は不測の事態にも対応できる必要がある。ＡＩで起きうるシナリオをできるだけ洗い出し、その対策を考え起こったときの作業手順を考える。また、その患者固有の臓器をＣＴスキャンのイメージをもとに３Ｄプリンタで作成し、執刀のシミュレーションを行ったりもできる。

大介はひととおり説明を受けると、診察室をあとにした。

治療方針は、世界中の経験をベースにＡＩが提案したとのことで、大介は医師から治療の進め方を聞いたとき、非常にわかりやすく、納得できると感じた。

せっかくのディナーの前にショッキングな通告を受けて、落ち込みはした。しかし、楽観的な大介は、すぐに気を取り直した。普通なら見つけにくい初期の段階でガンを発見できたのだ。亜紀に話すと、やはりショックを受けていたようだったが、努めて明るくふるまっていた。

大介の手術は予定どおり行われ、無事に終了した。開胸手術ではないので傷跡は小さく、予後もいたって良好だ。あまり体験したくないことだったとはいえ、大介は手術が決まってから終わるまで不安に苛まれることはなかった。しばらく経ってもガンの再発や転移の兆候はなく、元気にすごしている。

医療費の急増を抑えるという役割も

ストーリーに登場した「ダヴィンチ」は、アメリカのインテュイティブ・サージカル合同会社が開発した実在するロボットだ。内視鏡を使う手術の特徴をいかしており、医師が３Ｄモニターを見ながら、遠隔操作で内視鏡カメラとアームを動かすことで手術が行われる。

従来の手術と比べて患者の傷口は小さく、出血量も少なくて済むため回復が早い傾向にあるという。

現時点でもかなりの成果をあげており、全世界での臨床実績は年間28万件にも上るが、まだ完全なロボットとはいいがたい。機械が複雑だったり、執刀する医師に操作の手応えが伝わりにくかったりすることから医療事故が起きており、機械自体のトラブルも少なくない。しかし、課題がわかっている以上、今後は改善されるとみていいだろう。

もし、手術のプロセスや結果が常にデータ化されてＡＩに反映されるようになれば、手術における医師の役割は、間違いがないかどうかを見守ることだけになるかもしれない。ちょうど飛行機の自動操縦と似たようなものだ。そうなれば、これまでより医師の負担が減り、人手不足の解消にもつながるだろう。

それは何も外科医に限った話ではない。大掛かりな手術では全身麻酔が必要で、麻酔専門医が手術のあいだ監視している。手術が外科的にうまくいっても、麻酔の対処を一歩誤れば患者が命を落としかねないからだ。

筆者も過去に二度、手術で全身麻酔を受けたことがあり、驚くようなスピードで意識が落ちていった記憶が残っている。そこから病室で目覚めるまでの間に、何が起きていたのかはまったくわからない。手術はアメリカで受けたのだが、後日、執刀医とは別に麻酔科の医師からも請求（しかもかなり高額の）が届いた。それくらい、麻酔はプロフェッショナルな分野だということだ。

それにもかかわらず、麻酔投与に関してもロボットが人間を超えつつある。アメリカのジョンソン・エンド・ジョンソン社は患者に自動で麻酔を投与できるロボット「Sedasys」を開発したが、麻酔専門医の反対を受けたため導入が進まず、最終的にはロボットの開発を行っていた従業員が解雇されてしまった。麻酔科医がロボットに自分たちの仕事を取られることを恐れたのではないかと囁かれている。

では、手術のコストとしてはどのくらいの違いがあるだろうか。人間の医師が麻酔を担当した場合は2000ドル程度かかるのに対し、ロボット（Sedasys）を使えば200ドルほどですむという。初期投資のことを考慮しても、ロボットを導入すれば手術費用が軽減されることは間違いないだろう。

現在の日本の保険制度には、高額医療費に関して、あらかじめ申請しておけば上限以上の金額を請求されないという仕組みがある。自分、あるいは家族の長期入院を一度でも経験された方は、この制度のありがたさが身にしみたことと思う。筆者がまさにそうだった。

しかし、この大盤振る舞いがいつまで続くかはわからない。アメリカのように高額な医療費が問題視されている地域に限らず、日本も今後、国として医療費をより削減する必要に迫られることは明白だ。個人負担が増えるにせよ、保険でカバーし続けられるにせよ、早晩コストの見直しを余儀なくされるだろう。そのとき、ＡＩとその指示にしたがうロボットが救世主となるかもしれない。

【ストーリー8】認知症介護にも有用なAI

高齢者にとっては、身体が衰えて動けなくなるとともに、認知症の発症もまた憂慮される事態である。認知症になると徘徊や異常行動が見られるようになるため、家族や介護者に大きな負担がかかってしまう。それは、本人にとっても当然つらいことだ。

今後、高齢者の人数も割合も増えていく以上、いかにして認知症患者をサポートしていくのかを本気で考えなければならない。そのときＡＩは、どのような形で取り入れられる可能性があるだろうか。

大介の母、佳子は年をとってからずっとショートヘアにしており、月に一度はなじみの美容院に通っている。なるべく人の手をわずらわせたくないと思いつつ、体調が悪かった一時期、美容院に行きたいときは大介の助けを必要とした。遠くからわざわざ来てもらうのは気が引けたが、近所の人たちはみんな高齢で頼める人はいないし、ヘルパーにもお願いできない。

しかし、AI搭載の歩行アシストロボットを手に入れて以来、大介を呼ばなくても、いつでも美容院に出かけられるようになった。佳子はすっかり明るく、活発になった。頭もはっきりしていて、認知症の心配も当面なさそうだ。

こうして佳子の介護が少し落ちついた思ったら、今度は亜紀の父、太郎に問題が発生し、面倒を見なければならなくなった。太郎は近ごろもの忘れが激しくなり、ついには認知症が疑われるレベルになってしまったのだ。

決定的なのは、ひとりでよく外出していた太郎が出先から帰ってこられなくなったことだった。普段はいつもどおりに受け答えをし、特に問題はないように見えたが、急に暴力を振るうようにもなってしまった——。もともとは穏やかな性格だったが。気がつくといつの間にか家を出ていて、外でトラブルを起こすこともあった。

結局、病院でアルツハイマー型認知症と診断されたのだが、今のところは幸いにも家族のことはわかるようだ。

亜希は札幌で暮らす妹と交代で、実家のある大阪に通うようになった。母親は健在だが、太郎の面倒をひとりで見るのはかなりの負担だ。亜紀も妹も、母親が寝込んでしまわないか気がかりで仕方なかった。

ときどき大介も亜紀と一緒に大阪に行き、介護を手伝った。太郎の病状の悪化にともない、「そろそろ母ひとりでの自宅介護は難しいのではないか」という話になったが、特別養護老人ホームのような施設は、今もって長い入居待ちの状態が解消せずに続いている。民間のホームについても検討をすすめたところ、母はこう言葉を返した。

「とても無理よ。家を売ったってそんなお金工面できないわ。それに何カ所か見てまわったけど、お父さんに合いそうなところがないのよ」

老人ホームをめぐる人手不足やコストなどの問題は、何十年も前から叫ばれていたものの、抜本的な解決には至らないままだった。

そこで進んだのが、自宅で介護を行うためのさまざまな機器の導入だ。２０１６年ごろには便利な介護機器がたくさん出ていたが、それらはより洗練され、またＡＩと連携することでいっそう〝スマート〟になった。

亜紀の父も母も身体はあまり衰えていないので、物理的に身体を介護するような機械はまだ必要ない。それより、いまは見守りのためのシステムが役立つ。部屋に備えたカメラの画像から、ＡＩが人の行動を予測して介護者に知らせてくれるものだ。

画像のシルエットをもとにＡＩが人の行動を分析し、たとえば太郎が外出しようとしているのであれば、それをハウスＡＩやロボットを通して家族に伝えてくれる。知らない間に父親がいなくなっていた、という事態を避けられるわけだ。

見守りのシステムを機能させるには、被介護者にセンサーを搭載した機器をつけてもらわなければならない。太郎はアンクレットをつけることはイヤがったが、手首に巻く活動量計をつけることには抵抗を示さなかったので、アンクレットの代わりにこれをセンサーとして使っている。

このシステムを導入後、母の心身の負担はだいぶ軽くなったようだった。

「助かったわ。いままではいつも、お父さんが何かしでかさないかビクビクしてたけど、とりあえず声がかかるまではゆっくりできるから」

介護者がすぐに対応できないときでも、必要に応じて家のドアや窓を自動的にロックすることもできるので、そうあわてることはない。それに、ウエアラブル端末にはGPS機能が搭載されているので、たとえ外へ出てしまっても、父親がどこにいるのかだいたいの位置を絞り込める。場合によっては、ドローンを飛ばして捜索することも可能だ。

あるいは、どこかの建物に立ち寄ったのなら、地域のAIの登録情報と照合して所在を確認することも可能だ。徘徊している人を保護する側にとっても、情報の共有が進んだことで、家族への引き渡しがスムーズになった。

太郎がウエアラブル端末をつけずに外出してしまったときは、ハウスAIが太郎のこれまでの行動、家族との会話やAIとの会話の様子を通して、行動パターンから現在の位置を推測してくれる。人間より特定できる可能性が高く、これも頼りになっている。

亜紀の母自身にとっては、見守りシステムと同じくらい、ロボットの存在もありがたかった。佳子の家にいるゴン太のようなロボットである。もっとも、ゴン太はおもに体の支援が目的だが、こちらはコミュニケーションが主体だ。

「あなたたちより、よっぽど気の利いたことを話してくれるわ」

と、すっかりお気に入りだ。太郎もロボットが来てからよく笑うようになった。

ロボットはAIを搭載しており、会話をしながら学習するのはもちろんのこと、認知症に関係するデータベースやAIと連携しているため、太郎の日々の会話や行動をモニターしながら認知症の状況を把握し、状況に応じて会話の方法を最適化していく。

また、それらの情報は主治医とも共有されるため、ロボットは常に最新の状況に応じた的確な対応ができるのだ。

介護の大変さから、亜紀の家族は一時険悪な雰囲気になりかけたこともあったが、いまでは穏やかな日常が戻ってきた。亜紀は振り返る。

「これでやっと普通に——緊急じゃなく、実家に行けるわ」

介護者の負担を大きく減らしてくれる

さまざまな介護機器や介助ロボットが、高齢者と介護者、双方の大きな助力となることは疑う余地がない。それは介護施設と一般家庭、いずれにおいても当てはまることだ。

今後、そうした機械に期待することを考えたとき、高齢者の身体的なサポートに関しては、ＡＩという頭脳の進化とともに、物理的、機械的な面の発展も求められる。そのノウハウやロボットの技術に踏み込んでいくとＡＩから話がそれてしまうため、ここでは主として認知症の介護に焦点を当てたい。

この分野でＡＩが力になるとしたら、ひとつには、ストーリーで示したような患者の「見守り」システムが挙げられる。いま介護施設では、人手の少ない夜中に入居者が起きだして、介護士が対応に追われるといったことがよくあるという。そうした事態を少しでも改善するために、被介護者がベッドから起き上がったことを知らせるセンサーや、カメラなどの設置が行われているそうだ。センサーだけだとスタッフは結局ベッドまで見に行かなければならないが、カメラがあればセンサーが反応したときに部屋の様子を確認できる。プライバシー保護のために、シルエットだけがわかるカメラになっている。それでも、ベッドの上に座っているのか、これから徘徊しそうなのかがわかるので、特に問題がなさそうであればスタッフが部屋まで足を運ぶ必要はない。

では、同様の機器を家庭に導入したらどうなるだろうか。一般の家庭では、こうしたカメラがあったところで、介護施設の夜勤スタッフのようにひと晩じゅう確認し続けることは現実的ではない。日中であっても、介護に毎日専念するのは難しい。

それにもかかわらず、日本では家族に介護を期待する声が多い。少し前に徘徊する高齢者が電車にひかれて死亡する事故があったが、そのような悲劇のうえに、高齢の妻が監督者責任を問われた。しかし、24時間見張っているわけにはいかないし、縛り付けるなどの虐待につながるようなことは許されない。

しかし、ＡＩが様子を見守って連絡をしてくれれば、家族が24時間気を抜けないという状況から解放される。また、ロボットが代わりに相手をすることができたら、介護者がそばにいなくてはならない時間が減るだろう。認知症の高齢者に対する声のかけ方、効果的な接し方をＡＩが学習していれば、それを搭載したロボットとの会話によって、家族の手間をかけずに認知症患者に落ち着いてもらえる可能性がある。

日本の生産労働力の問題でもある

「見守り」は認知症患者の徘徊対策に不可欠だが、それだけで十分とはいいがたい。

ご存じの方も多いと思うが、近年、認知症の高齢者が家族の知らないうちに出かけて、行方不明になるという事案が少なくない。なかには、家から遠く離れた場所で保護されるケースもある。無事に家族のもとに戻れればまだいいが、保護されたものの、身元がわからないまま施設で暮らしているとか、最悪の場合、人気のないところで亡くなっていたという痛ましい話もある。

もし、遠隔操作によって自宅を施錠できたら、そうした事態は避けられるかもしれない。あまり望ましくはないが、認知症の家族を守るためには考慮すべきことだ。

昨今ではスマートロック、つまりスマートフォンなどを使って自宅の施錠ができるシステムが増えてきている。徘徊を防ぐには、窓やベランダの鍵のことも考えなくてはならないが、それについても、スマートロックで一時的に外に出られないようにすることは技術的に可能なはずだ。

ただし現状では、外に出てしまうと家族だけではどうにもならないこともある。そのときは、行政や民間のネットワークを活用する必要があるだろう。

見守りに関しては、企業のサービスを利用すれば、必ずしもＡＩ技術の本格的な発展を待つ必要はない。大手の警備会社が、緊急通報やＧＰＳによる位置検索、高齢者が転倒していないかの確認など、個人の見守りサービスを提供している。

問題なのは、そのようなサービスを日常的に受けるためのコストを、誰もが負担できるわけではないということだ。特に、人が駆けつけなくてはならないことが起きると、費用はかさんでしまう。

しかし、位置確認だけならそうしたサービスでなくても容易に利用できる。というのも、スマートフォンのような高機能端末には、GPSをはじめとする位置特定機能が備わっているからだ。現在の働きざかりの世代が高齢者になるころには、スマホあるいはそれに代わるものを持ち歩いていない人はほぼ皆無になるだろう。

一般的なウエアラブル端末もまた、有用な機器となりそうだ。センサーの働きによって、それを装着している人が立っているのか座っているのか、あるいは動いているのかといったことや、心拍数などを知ることができる。あとは公共の福祉の観点で、介護に活用できるようになればいい。

将来的には、高齢者が行方不明になったときにAIを搭載したデバイスが行動を予測し、居場所を特定できるようになる可能性も大いにあるだろう。

家族や友人などを探すとき、私たちはその人の過去の行動パターンから、ここにいるのではないかと推測をするものだ。その推測が、より多くの情報をもとに客観的な分析によって行われるとしたら――。つまり、ＡＩがその人の行動や日常の会話、大事にしていることなどさまざまな情報をトラッキングし、学習することによって、徘徊したときの様子を推測できるようになったとしたら、どうだろう。データが積み重なっていけば、人がやみくもに探しまわるよりも高い確率で、かつ短時間で見つけることができる。

フルタイムやそれに近い介護、見守りが必要な人がひとりいると、その人はもちろん生産的な活動にまったく参加できなくなるばかりか、最悪の場合、介護者も労働力としての戦列から完全に離れざるをえなくなる。

つまり、重度の要介護者の面倒を家族が見なければならなくなると、本人たちが困窮する可能性があるだけでなく、税収や生産性の面で社会全体にも影響が及んでしまうのだ。

しかし、介護者の負担を減らすことができれば、社会に価値を生み出す行動が増えることになる。理想的なのは、佳子のようにひとりでも自立した生活を続けられることだが、もし、ここまでのシミュレーションで示したような（あるいはそれ以上の）機器が現実化すれば、高齢者のクオリティオブライフ（ＱＯＬ）が向上し、結果的に重度の要介護者が減ることになるかもしれない。

終章

移民と人工知能、日本人はどちらを選ぶのか

労働力の減少に打つ手はあるか

テクノロジーの発展やＩＴ化にともなって、以前は人間が行っていたさまざまな仕事を、機械がこなすようになった。とりわけ、定型化しやすい単純な作業の多くが産業機械やロボット、コンピュータなどに置き換わっている。

単純作業は人間が行うには労働賃金が安かったり、肉体的にきつかったりする傾向があり、機械に任せるには好都合だ。といっても、肉体的にきつい仕事のすべてが機械化されているわけではない。肉体労働イコール単純労働ではなく、現場によって環境が異なり、そのつど考えながら仕事をしなければいけないケースもあるからだ。

日本ではリーマン・ショック以降、あらゆる年代の就職難が続いている。その一方で、肉体的にきつい仕事をやりたがる人は絶対的に少ない。単純労働かどうかによらず、そうした仕事を外国人労働者が担うことが珍しくなくなった。

客の要望をくみとって臨機応変に対応することが求められる接客業でも外国人が増えている。都心のコンビニでは、いまやオーナーを除けば外国人のほうが多いのではないかと思われるほどだ。つまり、日本人だけでは人手が足りていないのだ。

この問題の解決策のひとつとして、近年、移民の受け入れが検討されるようになった。ヨーロッパあたりでは、移民を受け入れてネイティブがやりたがらない仕事を彼らに任せることで、社会がうまく回っているように見える。

また、フランスのように出生率を上げることに成功している先進国を除けば、アメリカに代表される移民大国は、移民によってその人口を維持しているともいえるだろう。

“日本ブランド”に以前ほどの威光はない

しかし日本では、移民受け入れが簡単に進みそうな状況にはない。従来から、日本には外国人の移住を積極的に受け入れるというスタンスがなかった。昨今、世界的な課題となっている難民受け入れについても、2015年に難民申請が7500人あったのに対して、日本の認定は27人にとどまっている。割合にすると申請者全体の0・4%程度とかなりの狭き門だ。

入国管理の観点はさておき、島国という環境のせいか、そもそも多くの日本人にとって社会にいろいろな国の人がいて多様な文化や考えがあるということは、考えとしてなじみにくいのではないだろうか。

そのことの是非はともかくとして、こうした流れが近いうちに変わることはあまり期待できない。人の考え方はそうそう急に大きく変わることはないからだ。ましてや、移民や難民の受け入れに比較的積極的なヨーロッパにおいても、急増する移民とネイティブとの摩擦が激しくなってきており、社会的にも政治的にも大きな問題になっている。

このような状況が報道されるにつれ、やはり日本が移民政策を推進しようとしても、「問題のほうが大きいのではないか」「私たちの慣れ親しんだ社会が変わってしまうのではないか」と危惧する人が多くいるだろう。現状の労働力不足を解消しようとすれば、かなり急速な変化が必要だが、急速な変化は往々にして問題を起こす。

そのような懸念以前の話として、日本では特定の職種に絞った一時的な受け入れですら、うまく進んでいないというのが実情だ。２００８年、ＥＰＡ（経済連携協定）に基づいたインドネシアとフィリピンからの看護師、介護士の受け入れが始まって8年が経過した。当初、それらの職種の人手不足を解消することが期待されていたが、ＥＰＡの開始から2年で２０００人の枠を埋めるという目論見は外れ、成功例はごくわずかだという。職務の遂行能力はあっても、日本語が話せないことや受け入れの仕組みなどに問題があるようだ。

また、ひと昔前と違って、東南アジア諸国の経済発展によって、わざわざ外国に行かなくてもそれなりに稼げるようになってきている。日本自体も、以前と比較して諸外国よりそれほど「高い」国ではなくなっている。文化や言語の異なる日本に来て、わざわざ苦労して働くほどの価値はかつてほど大きくないのだ。

さらに、スキルを持つ移民は他国でも欲しているため、日本より有利な受け入れ要件を提示してくる。要するに、募集さえすれば多くの人が日本に来てくれるという状況ではまったくないのだ。

厚生労働省は2025年には介護職だけで100万人が不足すると見込んでいるが、それに対してEPAの2000人というのは焼け石に水だ。仮にこの受け入れが成功したところで、足りない人手を埋めるにはほど遠い。

移民受け入れのための高いハードル

人手不足がさらに深刻になって、仮に私たち日本人の多くが移民受け入れに積極的になったとしても、解決しなければならない課題は残されている。

ひとつは、移民受け入れにかかるコストをどうするのか、という問題だ。

現在のヨーロッパのように移民の受け入れで急激に大量の人が流入すると、それによる社会的コストが増大し、国としては少なくとも一時的には、受け入れのメリットよりデメリットの方が大きくなることが考えられる。移民の数に見合うだけの求人があるとは限らないのだ。

今後、ＡＩやロボットが本書で述べてきたように普及するかどうかは別として、定型的な作業の自動化が進んでいけば、多くの産業でそうした仕事の求人が減っていくことは間違いないだろう。特に最先端分野のテクノロジー関連で最近成功しているベンチャー企業を見ると、売上げを大きく伸ばしているにもかかわらず、従業員は比較的少人数のままということが少なくない。

それに、移民の多くが介護のような人手の足りない仕事についてくれると考えるのは早計だ。ネイティブにあまりに都合のいい考えである。

移民受け入れによって生じる社会的コストは、雇用の準備や調整のための費用のほか、場合によっては失業にともなうコストや、摩擦が生じたときに紛争を解決するためのコストなどもある。市場や企業のニーズによる自然な移民増ではなく、政策として移民を受け入れる場合は、経済の面で計算どおりにいくとは考えないほうがいいだろう。「経済は生き物」であり、好況と不況を繰り返すのが常だ。不況のときに失業者が増えるのは当然であり、そうなったからといって「移民は出て行け」というわけにはいかない。移民を受け入れた途端に不況に転じて、国が多くの移民の社会保障費を負担しなければならないということも十分ありうるのだ。

それが社会不安につながることは、現在のヨーロッパの状況を踏まえれば容易に想像がつく。労働力不足の解決策として、あるいは社会活性化を目的として移民受け入れを議論するのなら、期待されるメリットと同時に、そのコストと代償についても注意深く検討しておかなければ無責任というものだ。

介護という職種に限らず、人を雇うときはまず求めるスペックに合う人を募集し、試験や面接をしてようやく採用に至る。先方にも選択の自由があるので、採用したい人がきてくれるとは限らない。入社しても、職場の人間関係や待遇に不満があったり、ほかにやりたいことができたり、家庭の事情で転居が必要になったりすれば辞めてしまう。

また、会社を経営するとわかることだが、人を雇ったときに支払わなければならないのは、その人の給料だけではない。社会保険料も含めたさまざまなコストが、その人を雇っている間じゅう継続的にかかることになる。雇用形態にもよるが、不況時に移民を帰すわけにはいかないのと同じように、経営状況が悪化したからといって、すぐに解雇するわけにもいかない。

移民に頼るという選択肢を排除する必要はないが、さまざまなことを勘案すれば、移民によって労働力をかさ上げするというのは、日本では非現実的なことではないだろうか。移民を受け入れる社会は現在の日本社会の延長線上にはなく、考え方や仕組みの大きな変化が求められる。そのコンセンサスをとるにはかなりの時間がかかり、労働力不足を解決するのには間に合わないと考えるのが自然だ。

介護ロボット導入へのハードルは下がる

とはいっても、問題を放置しておけば当然ながら労働力不足は悪化するだけだ。そこで考えられるのがＡＩやロボットの活用である。

ＡＩにせよロボットにせよ、導入にはそれなりのコストが生じるが、人間を雇い入れるのと機械や設備を新しく取り入れるのとでは、コストも心理的なハードルの高さも異なる。

実際、介護業界においてはロボットの導入が着々と進んでいる。自動排泄処理装置や、電動で歩行をアシストするカート、移乗介助機器（介助者が人を抱え上げる動作を補助する機械）、入浴支援機、リハビリをアシストするマッスルツールなど、さまざまなものがすでに介護の現場で使われているのだ。

こうした製品をつくっているのはロボットや介護機器の事業者とは限らず、住宅メーカーが事業のひとつとして展開している場合もある。ロボットの展示会として有名な「国際ロボット展」などに行くと、産業用ロボットに交じって介護系のロボットも数多く見られることに驚くかもしれない。

それぞれの機械の値段が気になるところだが、機器の導入にあたっては必ずしも購入する必要はなく、レンタル利用できるものが増えている。また、いまでは多くの機器が介護保険の貸与品目に指定されている。さらに業務で使用する場合は、特に高額なものであれば、リースによって導入できるケースも珍しくない。機械がより多く普及することで、導入へのハードルは下がるだろう。

いまはまだ「ロボット」というよりは「人をアシストする便利な機械」という程度のものが多いが、ＡＩや他の機器と連動して自ら動く機械へと進化することで、それを扱うときに人間が関与する必要性が少なくなる可能性がある。そうなれば、介護をする人たちの手間が減り、もっと余裕をもって仕事ができるようになるはずだ。

誰もが長く活動的でいられる社会に

本書では、「ＡＩが私たちの生活をどう変えるのか」を考察することを目的に、労働力不足問題の解消にも希望がもてるという前提で分析をしてきた。筆者自身はもちろん、将来的にＡＩが、人手不足にあえぐ私たちを助ける存在に十分なりうると考えている。

とはいっても、それによって少子化が解消するわけではないし、人口減少にともなう労働力不足の根本的な解決策にもならない。

いま人間がこなしている仕事の多くをＡＩが担ってくれるようになったら、その結果、私たち人間は、人にしかできないクリエイティブな仕事にフォーカスできるようになるのか、そして社会に活力をもたらされるのか――。それはまだわからない。社会の活性化に人口増が不可欠なのであれば、移民政策も積極的に考えるべきなのかもしれない。

しかし、移民受け入れに必要なコストや想定される摩擦は考えないとしても、そもそも人口減少による労働力不足を補って余りある移民、あるいは一時的にでも訪日する人がやって来てくれるのかどうかに疑問符がつく。それを考えると、移民を求めるよりも、積極的にロボットやＡＩを活用する仕組みをつくっていくことの方が案外、現実的なソリューションではないだろうか。

ＡＩをこれからの超高齢化社会で活用するというのは、介護のサポート機器によって介護人員の不足を補ったり、家族の負担を減らしてくれたりするという、いわばマイナスをゼロに戻すことだけを意味しているのではない。ＡＩやロボットが人の暮らしを支援することで、家族はもとより、高齢者本人もクリエイティブな活動にできるだけ長く従事できる可能性が増える。そんな未来を切に願うばかりだ。

おわりに　ＡＩが普及していくために

本書では、ＡＩを活用することで私たちの日常はどのように変わっていき、社会はどんな影響を受けるのかということを考察してきたが、いかがだっただろうか。

ＡＩやロボットの一般家庭への普及は、あるときから「えいやっ！」と一斉に進むものではない。ましてや、政府が声をかけて、その日からみんなが足並みをそろえて始めるものでもない。むしろ、民間で小さく始まったものが発展して社会インフラのようになる。

携帯電話やパソコンがどうだったか、思い出してみてほしい。私たちの役に立つものは、たとえ掛け声がなくても、最初に懐疑的な声があったとしても、新しもの好きの一部の人がまず突破口を開き、それからいつの間にかハイテク機器にそれほど興味のない人まで使うようになり、私たちの日常になくてはならないものになっていく。スマホがなかったら、その延長線上にある本書のストーリーも成立しにくい。

逆のケースが、住基カードやマイナンバーではないだろうか。ネット上で税の申告などができる「eTax」にしても、基本的に行政が主導で社会に組み込んでいくようなものはメリットより使いにくさばかりが目についたり、意義がわかりにくかったりすることが多い。

その割に、導入に多大なコスト（つまり税金）がかかっているということはよくある。あげくのはてにテクノロジー的には最新ではなかったりもする。むしろ、民間は大手からさらに小規模だが小回りの利く優秀なベンチャーが活躍するようになっている。行政はむしろ、民間のクリエイティビティの邪魔をせずに、彼らがつくるものを上手に社会に普及させていく仕組みをつくるのが仕事ではないだろうか。

グーグル、アマゾン、フェイスブックなどの企業やベンチャーは、民間のスピードに合わせて新しいものを次々と生み出すことができる。これらの開発者は、「実際にみんなに使ってもらいたい」という思いのもとにアプリやハードウェアなどをつくっており、着想から試作の段階までのスピードは、行政のそれとはケタ違いだ。

大規模なシステムを展開するにあたっても、グーグルのような民間企業が行うほうが、下手に行政が予算をつけるよりはるかに少ないコストで導入が進むだろう。

民間の開発者は、つくったモノやサービスを多くのユーザーに使ってもらえなければ、やがて自分たちが仕事を続けられなくなってしまう。反対に、みんなが便利と認めたものは、またたく間に国境を超えて広がっていく。本当に有用なものであれば、投資も容易に集まる時代だ。

それを使ってメリットのある人、ビジネスにしようと思う人、それが広がりやすい環境、売る方も買う方も納得のできるコストなどの歯車がかみ合ったとき、新しいモノやサービスは急速に普及していく。もしユーザーが何らかの不満をもったら、格安スマホや格安SIMなどに代表されるように、それを解決するモノや仕組みが登場する。

「せっかく新しいモノやサービスができても、技術あるいはその技術を使う環境が整っていないために世間に浸透しない」という時代は過ぎ去った。いまやテクノロジーはより進化し、投資がさかんに行われ、アプリケーションがすぐに出回る時代になった。そして、何もかもを所有する時代から、必要なときだけ使う、あるいはシェアする時代へと変わりつつある。これからのAIやIoTは、そのような環境の中に存在する、夢のあるテクノロジーなのだ。

新しいテクノロジーを使う側の負担としては、どんなことが考えられるだろうか。

格差が小さいといわれる日本でも、若い人から高齢者までさまざまな立場の人がいて、貧困にあえぐ人もいれば、悠々自適の暮らしを送っている人もいる。

これから20年後はどうなっているかを考えると、いま懸念されている年金の問題が顕在化し、高齢者の生活がたちゆかなくなる可能性もないとはいえないが、比較的お金に余裕のある高齢者であれば、特に大きな問題とはならないはずだ。

そのころには、AIを搭載したハードウエアであれサービスであれ、需要の高いものはこなれた価格になっていると考えられる。現代の一般的な家電やネットのサービスと同様のレベルまで普及すれば、いま私たちが使っているネットやスマホ、月々課金されるサービスなどと同等のイメージで利用できるはずだ。

とはいえ、AIのテクノロジーが普及することの弊害も考えられる。私たちの暮らしが便利になる一方で、これまで人間が行っていた仕事がなくなってしまう可能性も否めない。

いま私たちは労働の対価として生活するための収入を得ているが、今後、自動化しやすい職種はおろか、頭脳労働のような分野の職種も、むしろそのような職種こそ、ＡＩにとって替わられかねないのだ。

もしそうなったら、仕事がなくなってしまった人たちは、いったいどうやって暮らしていけばよいのだろうか。

目前にそれが差し迫っているわけではないので、具体的な対策はまだ立てられていないが、ＡＩが生み出す経済的な価値をベーシック・インカムとして国民に再配分するというアイデアが出てきている。これが実現すれば、国民一人ひとりが消費活動を行うことができるし、場合によっては、ベーシック・インカムの一部をＡＩやロボットによるサービスとして国民に提供するということもありえる。


ＡＩが普及すれば、資本家や経営者のように、生産手段として人を雇う代わりにＡＩを生産手段としてビジネスを展開して、さらに富を蓄積していく。逆にＡＩにとって代わられてしまう人は稼ぐことができず、日本でも富の二極分化が進むかもしれない。

「そもそも人間にとって労働とは？」「何もせずに生きていけるとすれば、人間はどのように行動していくのか？」といった、根元的な問いも生じてくるが、それはまた別の機会に考えたいと思う。

これからの時代に大事なのは、私たちはＡＩをどのようにして活用していきたいのかを真剣に考え、そして実際に試してみることだろう。

青春新書
INTELLIGENCE

こころ涌き立つ「知」の冒険

いまを生きる

"青春新書"は昭和三一年に——若い日に常にあなたの心の友として、その糧となり実になる多様な知恵が、生きる指標として勇気と力になり、すぐに役立つ——をモットーに創刊された。

そして昭和三八年、新しい時代の気運の中で、新書"プレイブックス"にその役目のバトンを渡した。「人生を自由自在に活動《プレイ》する」のキャッチコピーのもと——すべてのうっ積を吹きとばし、自由闊達な活動力を培養し、勇気と自信を生み出す最も楽しいシリーズ——となった。

いまや、私たちはバブル経済崩壊後の混沌とした価値観のただ中にいる。その価値観は常に未曾有の変貌を見せ、社会は少子高齢化し、地球規模の環境問題等は解決の兆しを見せない。私たちはあらゆる不安と懐疑に対峙している。

本シリーズ"青春新書インテリジェンス"はまさに、この時代の欲求によってプレイブックスから分化・刊行された。それは即ち、「心の中に自らの青春の輝きを失わない旺盛な知力、活力への欲求」に他ならない。応えるべきキャッチコピーは「こころ涌き立つ"知"の冒険」である。

予測のつかない時代にあって、一人ひとりの足元を照らし出すシリーズでありたいと願う。青春出版社は本年創業五〇周年を迎えた。これはひとえに長年に亘る多くの読者の熱いご支持の賜物である。社員一同深く感謝し、より一層世の中に希望と勇気の明るい光を放つ書籍を出版すべく、鋭意志すものである。

平成一七年　　刊行者　小澤源太郎